JN414290

예수님 닮은 이 시대 참 "제자"가 되게 하소서!

101-201 양육교재 지침서 및 가이드북

목양

예수님 닮은 이 시대 참 "제자"가 되게 하소서!

101-201 양육교재
지침서 및 가이드북

Copyright ⓒ 도서출판 목양 2017
초판 1쇄 발행 2018년 8월 30일
초판 2쇄 발행 2019년 5월 10일

지은이 김영한
펴낸이 정성준
펴낸곳 도서출판 목양

등록 2008년 3월 27일 제 2008호-04호
주소 경기도 용인시 처인구 양지면 양지리 38-2
전화 070-7561-5247 팩스 0505-009-9585
홈페이지 www.mokyangbook.com
이메일 mokyang-book@hanmail.net

ISBN 979-11-86018-66-8 (03230)

* 본 저작물은 신 저작권법에 의하여 한국 내에서 보호받는 저작물이므로
무단전재와 복제를 엄격히 금합니다.
* 책 값은 뒤표지에 있습니다.
* 잘못된 책은 교환하여 드립니다.

▌예수님 닮은 이 시대 참 "제자"가 되게 하소서!

101-201 양육교재 지침서 및 가이드북

목양

서 문

조국교회는 선교사님들의 뜨거운 순교의 피로 세워졌습니다. 120여 년의역사 동안 시대적 어려움 속에서도 불과 같이 부흥하였습니다. 그러나 21세기 들어 누구도 예상하지 못했던 정체와 쇠퇴기를 맞이하게 되었습니다.

저와 같은 세대는 조국 교회의 부흥, 정체, 쇠퇴의 시기를 다 경험하였습니다. 그러나 요즘 사역을 시작하는 교역자들과 캠퍼스 간사님들 그리고 청년 리더들은 주로 정체와 쇠퇴기만을 경험하고 있습니다. 마치 초콜렛을 맛보지 않은 사람이 초콜렛의 맛을 상상하며 만들어 내야 하듯 부흥을 맛보지 못하고 부흥을 일으켜야 하는 세대입니다.

이 시대의 젊은이들은 어떻습니까? 포스트모던 시대에 영적인 암흑 가운데 살아가고 있습니다. 정치, 경제, 사회적으로도 불안정한 시대에 살아가고 있습니다. 예전보다는 부요하지만 풍요 속 상대적 빈곤을 체감하며 삽니다. 신체적으로 예전 어느 시대보다 건장한 체구를 가지고 있지만 실제 체력은 예전보다 못하다는 통계가 많습니다. 정서적으로도 심약한 채 살아가고 있습니다. 3포, 5포, 7포, N포 세대라고 불리곤 합니다.

이런 상황 가운데 수많은 젊은이들은 이스라엘이 빠졌던 성공의 신 '바알'과 쾌락의 신 '아세라'에 노출되고 헤어 나올 수 없는 중독의 늪에 빠져 살아가고 있습니다.

그러나 이런 젊은이를 섬겨야 할 교회의 양육 시스템은 빈약하기만 합니다. 특히, 젊은이들을 타겟으로 한 양육&제자훈련 교재는 찾아보기 힘듭니다. 개인적으로 저는 다음세대 사역을 20여 년 이상 집중적으로 섬기면서 다음세대를 온전히 양육 할 틀이 필요하다고 생각하였습니다. 그래서 집필하게 된 양육 교재가 101, 201, 301, 401입니다.

'101 겨자씨' 양육 교재는 태신자가 교회에 와 정착할 때 복음 시리즈를 배우며 믿음의 가지를 뻗도록, '201 바나바' 양육 교재는 기존 교회 내 젊은이가 하나님과 더 친밀한 관계를 맺도록, '301 두돌판' 양육 교재는 하나님의 백성으로 거룩한 성화의 삶을 살아가도록, '401 다림줄' 양육 교재는 다음세대가 바른 신앙의 기준과 척도를 잡도록 저술하였습니다.

이 양육교재들이 다음세대 젊은이들을 예수님의 제자로 만드는 일에 조금이라도 도움이 되기를 소원합니다.

2018년 4월 8일

김 영 한

목 차

101 겨자씨 양육

201 바나바 양육

< 양육교재 사용해 본 소감문 1 >

저는 씨앗멤버 없이 교회를 6년 전 개척하였습니다. 초신자들과 가나안(안나가) 젊은이들이 모이기 시작했습니다.

그들과 소그룹으로 모여 성경공부를 시작했습니다. 그런데 성경공부를 하던 젊은이들 중 상당수가 울고 화내고 자리를 박차고 나가버리는 상황이 발생하였습니다.

처음엔 왜 그러는지 전혀 몰랐었습니다. 나중에 알고 보니 성장과정에서 상처가 많았던 지체들이 소그룹 성경공부 시간에 어려움이 있었습니다. 성경공부를 할 때 억지로 자신을 보여야하고, 사고의 틀을 바꾸려고 하니까 무의식 속에 상처가 건드려져서 반발이 일어났던 것입니다.

초신자에게는 단순하게 성경내용만 전달되었어야하는데 그 짧은 시간에 의미와 감동과 깨달음을 주고 생각을 바꾸려하니 어려움이 있을 수밖에 없었던 것이었습니다.

여러 초신자용 교재를 가지고 가르치면서 아쉬웠던 점이 있었는데 거의 다 성경을 어느 정도 아는 사람이 배울 수 있는 교재들이었습니다. 초신자용이라고 되어 있지만 사실은 기존신자용 교재였던 것 입니다.

그러던 어느 날 대구동신교회 세미나에 참여했다가 우연히 101부터 401까지 양육교재를 읽어보게 되었는데 '뭐 이런 쉬운 교재가 다 있나?' 생각이 들었습니다.

교회에서 사용해보니 101 겨자씨 양육교재는 초신자들과 바로 성경공부 할 수 있도록 너무 쉽게 쓰여 져 있고, 401 다림줄 양육교재는 심화과정으로 그리스도의 제자화와 리더화를 시키는 쉽지만 탁월한 교재였습니다.

이런 교재가 나올 수 있었던 이유는 대구동신교회 아포슬의 폭발적 성장으로 초신자들이 대거 몰려오면서 '어떻게 저들을 성도로 변화 되도록 가르칠 것인가?' 저자의 많은 고민과 연구 중에 만들어진 산물이지 않을까 싶습니다.

그렇게 저희 교회에서도 초신자인 청년들과 성경공부교재로 사용하면서 하나님을 쉽게 알아가고 너무 쉽다보니 반발 없이 가르치는 대로 따라오면서 그리스도의 제자로 교회의 리더로 세워지고 있습니다.

다음세대를 위해 열심 중에 열심이신 김영한 목사님께 감사드리며 성도의 양육 도구로 적극 추천 드립니다.

역동적인교회 **이상준 목사**

< 양육교재 사용해 본 소감문 2 >

제가 섬기는 교회는 지금은 50명 정도 모이는 교회입니다. 젊은이들은 10명 정도 모이구요.

3년 전에 우리 교회에 처음 부임 할 때는 25명 정도 모였습니다. 그 당시에 하나님께선 특별히 젊은이들에 대한 마음을 주셨습니다. 그런데 어떻게든 잘 섬기고 싶고, 양육하고 싶고, 품어주고 싶은 마음이 간절한데, 정작 품을 청년이 몇 없었습니다.

그러다 최근 1년 전에 4명의 청년들을 데리고 양육을 시작했습니다. 감동이 있었고, 변화도 있었습니다. 그러면서 1명, 2명 조금씩 더 모였습니다.

양육을 잘 하고 싶은데, 마땅한 교재를 찾는 것이 쉽지 않았습니다. 그러다 대구동신교회에서 함께 사역했던 김영한 목사님을 통해 대구동신교회 청년아포슬에서 사용하는 4권의 시리즈로 된 양육 교재를 소개받았습니다. 4권을 처음부터 끝까지 읽은 후 느낌은 가슴이 뜨거워졌습니다.

크게 두 가지 이유가 있었습니다.

첫째, 커리큘럼이 참 좋았습니다.

처음 교회에 온 청년들을 위해 복음(101)으로 시작해 이미 다 알거라고 짐작하지만, 사실은 깊이 다뤄본 적 없는 주기도문, 십계명, 사도신경으로 이어지는 커리(Curriculum)였습니다.

저희 교회에 CCC 출신인 형제, 기독교교육학과 전공인 자매, 대형교회 출신의 자매 등 7명을 '301 두돌판 양육 교재'(십계명 중심 교재)로 10주간(주1회 1-2시간) 양육했습니다.

수료 소감을 나누던 중 대부분은 막연히 십계명에 대해 안다고 생각했지만, 실제론 깊게 생각해 본 적이 없었고, 말씀대로 살지 못했다고 고백하였습니다. 한 자매는 십계명이 우리를 얽매이는 법칙이 아니라, 우리가 가장 평안하고 잘 되길 바라시는 하나님의 뜻을 깨달았다고 간증했습니다. 무엇보다 7명 모두 이제는 어떻게 십계명을 실생활에서 지킬 수 있을지 알겠다고 하였습니다.

둘째, 저자가 현장에서 청년들을 직접 양육하면서 지속적으로 고민하며 교정하고, 수정한 교재이기 때문입니다.

대구동신교회에서 청년사역을 2년간 동역하면서 김영한 목사님이 매일 새벽 4시에 출근해서 밤 11시가 넘어 집으로 돌아가는 모습을 숱하게 봤습니다. 그 이유는 새벽기도 후 양육과 저녁 양육, 그리고 상담 때문이었습니다. 그러니 이

교재에 들어간 내용과 질문들은 실제 청년들과 매일 부딪히며, 만든 것들이었습니다. 실제로 책 '아포슬'에 나오는 간증의 주인공 청년들의 변화를 저는 곁에서 제 눈으로 직접 봤습니다.

놀라운 것은 저희 교회에서도 이 양육교재를 사용한 후 비슷한 간증이 나왔다는 것입니다.

한 자매는 수료 후 천주교에 다니는 친구를 전도했습니다. 다른 한 자매는 결혼 후에도 우리 교회에서 평생 같이 하고 싶다고 하였습니다. 한 형제는 양육 후 감사하다고 밥을 샀습니다. 작지만 결코 작지 않은 큰 변화이고 열매입니다.

이 교재를 통해 많은 젊은이들이 말씀에 담긴 하나님의 깊은 사랑을 깨닫기를 기도합니다.

푸른숲교회 담임 **박 훈 목사**

< 양육교재 사용해 본 소감문 3 >

저는 지난 4년 8개월 동안 대구동신교회 청년부 협력선교사로 여러 교육과 훈련프로그램으로 청년들을 섬겨왔습니다. 특별히 여러 프로그램에 협력하면서 깨닫게 된 점은 청년들에게 가장 중요한 것이 '체계적인 제자훈련'이라는 것입니다.

2년 전에 대구동신교회 청년부 직장인들을 대상으로 토요일 오전 7시부터 8시30분까지 13주간 양육기초반을 섬겼습니다. 그 당시나 지금이나 청년부의 양육시스템은 양육기초, 양육고급, 제자훈련으로 동일하게 진행합니다. 그러나 차이점이 있다면 교재가 달라졌다는 것입니다.

2년 전에는 양육기초과정과 양육고급과정, 제자훈련 교재들의 내용이 중복되는 부분들이 참 많았었습니다. 또한 교재들의 문체나 어휘 등이 오늘날의 청년들이 읽기에는 약간 오래된 느낌들도 있었습니다. 그래서인지 기존에 사용했었던 양육교재들도 분명히 유익한 점이 많았음에도 불구하고 체계적으로 훈련시키기에는 무엇인가 약간 아쉬운 부분들이 있었습니다.

저는 이러한 점들을 보완시켜줄 교재가 바로 101부터 401교재라고 생각합니다. 복음시리즈, 주기도문, 십계명, 사도신경으로 이어지는 양육체계는 이 교재를 사용하는 자들의 영적성장과 성숙을 기대하게 만들기 때문입니다.

올해에는 청년부 직장인들을 대상으로 토요일 오전 7시50분부터 9시15분까지 11주간 301교재를 사용하며 훈련시켰습니다. 양육대상자들의 대부분이 모태신앙이었음에도 불구하고, 십계명의 원리와 정신을 잘 모르며 어려워하는 지체들이 많았다는 것은 제게 약간 충격으로 다가왔습니다. 왜 기초가 탄탄해야 하는 지를 깊게 생각해 보는 계기가 되었습니다. 그럼에도 불구하고 오리엔테이션 기간을 포함한 11주간의 훈련이 끝나고 나니 청년들이 참 많이 변했습니다.

저는 양육기간동안 훈련생들이 하나님을 사랑하고 이웃을 사랑하는 것이 구체적으로 어떤 의미인지, 그리고 그 가르침들을 어떻게 자신들의 삶에서 구체적으로 적용해야 하는지에 대하여 많은 부딪힘이 있는 것을 보았습니다. 이러한 영적인 갈등을 통해 진리를 따르기로 결단하며 순종하는 지체들이 영적으로 성숙해 가는 변화의 과정을 볼 수 있어 참 행복했습니다.

이 시리즈 교재를 사용하게 될 많은 다음세대들이 '체계적인 제자훈련'을 통하여 영적으로 성숙, 성장하게 될 것이라 확신합니다. 또한 이 책들을 사용하게 될 다음세대들이 세속적인 생각과 사상과 철학과 마음에서 돌이켜 그들의 삶의 기준이 하나님의 생각과 사상과 철학과 마음으로 변화되기를 간절히 기도합니다.

올리브 선교회 대표 **지현호 목사**

교재교육방법

진행 방법 10계명

1. 첫째 날은 진도를 나가는 것 보다 오리엔테이션 시간을 가지면서 서로를 알아가도록 하세요.

기계도 기름칠을 하고 돌리는데요. 양육 교육을 할 때도 서로 이름이라도 알고, 같이 교육을 하면 더 친근해지고 포근한 느낌으로 양육할 수 있을 거예요. 첫 주에는 가볍게 서로 인사하며 교제 한 뒤 그 다음 주부터 양육하는 시간을 가지면 좋겠어요.

2. 두 가지(대화법과 질문법)를 사용하세요.

첫 번째, 일방적인 가르침보다는 대화하는 식으로 하세요. 이야기를 나눌 때는 자신의 이야기부터 나누면서 상대방의 대화를 이끌어 가면 더 좋을 거예요.

예를 들어, 상처에 대해 나눈다면, "저는 어릴 때 고아로 자랐어요. 그래서 상처가 좀 있었는데 하나님을 믿고, 예전에 느끼던 공허와 외로움을 더 이상 느끼지 않아요. 형제님은 어떤 상처가 있었나요? 그 상처로 지금도 고통을 당하고 있나요?"이렇게 자신의 아픔부터 나누어야 해요. 그렇지 않고, 양육생에게만 깊이 있게 나누기를 기대해서는 안 돼요.

두 번째, 지루하게 설명만 하려고 하지 말고, 질문을 던지세요. 양육생은 나눔이 익숙하지 않아 짧게 대답을 할 거예요. 그럴 때 더 세부 질문을 만들어 질문해 주세요. 좀 더 구체적인 질문을 통해 양육생이 더 다양하게 생각하고 답변하게 해 주세요.

예를 들어, "예수님을 구주로 믿으시나요?"라는 질문을 할 때 양육생은 "네!"짧게 이야기 할 거예요. 그러면, "언제 예수님을 그렇게 믿게 되었나요?"라고 질문해 주세요. 그리고는 더 질문을 이어서 "어디서 예수님을 믿게 되었어나요?", 좀 더 나아가 "예수님을 믿은 뒤 어려움은 없었나요?" 등의 단순하지 않고, 좀 더 양육생의 신앙을 오픈할 수 있는 다른 질문들을 던져 주세요.

3. 초신자의 눈높이에서 얘기해주세요.

초신자에게 교회 용어와 성경 내용은 낯설 수 있어요. 양육생이 성경 말씀이 무엇을 의미하는지 모를 수 있으니 쉽게 풀어 주세요.

예를 들어 본문 내용이 의미하는 단어가 무엇인지 설명해 주고요. 때로는 다른 쉬운 단어로 바꾸어 설명해 주세요.

ex) 태초에 말씀이 계시니라 이 말씀이 하나님과 함께 계셨으니 이 말씀은 곧 하나님이시니라

말씀(로고스)이 무엇을 의미하는지 이해하기 어려울 수 있으므로 "말씀"에 "예수님"을 넣어서 설명하면 좋아요.

ex) 태초에 (예수님)이 계시니라 이 (예수님)이 하나님과 함께 계셨으니 이 (예수님)은 곧 하나님이시니라

4. 양육생이 아는 지식을 기반으로 하나님에 대해 설명하세요.

사람들은 귀신의 존재를 믿어요. 그렇다면 영적으로 하나님이 존재하심을 이해시킬 수 있어요. 그러니 어떤 일반적인 지식과 내용을 연결점으로 가지고 좀 더 신앙에 대해 잘 이해하도록 설명해 주세요.

5. 성경의 교리를 일상생활의 예를 통해 설명하도록 하세요.

자녀가 되는 것은 우리의 노력으로 되지 않아요. 이미 우리는 부모님의 사랑을 통해 이 세상에 태어나게 되었어요. 어떤 특별한 자격이 있는 것은 아니지만 부모님께서는 어떠한 상황 가운데에서도 우리를 먹여 주시고, 입혀 주시며 키워주셨죠.

이처럼 하나님의 자녀가 되는 것은 우리의 노력으로 되는 것이 아니에요. 이미 창세전에 주님이 우리를 선택하시고, 자녀 삼아 주셔서 구원을 얻게 되었어요. 어떤 자격이 없지만 하나님께서 보호하시고, 인도해 주세요.

6. 양육 질문들을 4가지(관찰질문, 해석질문, 연구질문, 적용질문)로 나누어 생각해 주세요.

각 질문은 관찰, 해석, 연구, 적용 질문으로 구성 되어 있어요. 어떤 질문은 성경 말씀을 관찰하고 나누게 되어 있어요. 어떤 질문은 말씀을 읽고 해석해야 해요. 어떤 질문은 좀 더 숙고하고 연구해야 해요. 어떤 질문은 각자의 삶, 공동체에 적용해야 할 내용이에요.

1) 관찰의 예

"참 믿음의 대상은 누구이며 그 내용은 무엇인가요?" 이 질문은 관찰 질문이에요. 예수님이 그리스도인 메시아임을 말하며 구원자이심을 말해요.

2) 해석의 예

소자를 실족하게 하면 연자 맷돌을 메고 바다에 빠지는 것이 더 낫다고 하는데 누가 연자 맷돌을 메고 바다에 빠져야 할까요?

a. 어떤 사람들은 이 말씀을 읽고 실족하는 것은 비참한 것이니 소자가 연자 맷돌을 메고 그냥 바다에 빠지는 것이 더 낫다고 해요.

b. 어떤 사람들은 소자를 실족하게 한 것은 큰 죄이기에 그렇게 실족하게 한 자는 반드시 연자 맷돌을 메고 바다에 빠지는 것이 더 낫다고 해요.

c. 어떤 사람들은 실족하게 하는 것이 상당히 큰 죄임을 말하는 것이지 실제로 그렇게 죽으라는 말은 아니라고 해석해요.

이렇게 사람들이 다양하게 해석을 하기도 하는데요. 양육생이 진짜 예수님께서 하신 말씀의 의도가 무엇인지 파악하도록 해 보고요. 바른 해석을 알려 주세요.

3) 연구의 예

예수님께서 중풍병자에게 죄사함을 받았다는 말과 일어나 걸어가라는 말 중 어느 것이 더 쉽겠느냐고 하셨어요. 이 때 연구할 내용들이 있어요.

a. 질병과 죄사함이 무슨 상관관계가 있는지 살펴보아야 해요.

b. 초대교회 당시에는 죄 있는 자가 질병에 걸린다고 생각하였어요. 그렇다면 죄를 사하여 준다고 하면 되는데 왜 예수님은 "일어나 걸으라!"라고 하시면서 질병을 고치려고 하셨을까요?

c. 단순히 죄를 사한다고 말씀하셔도 문제는 심각해져요. 왜 그 당시 예수님이 그런 말씀을 하시면 문제가 될까요?

이런 내용들은 단순히 성경을 본다고 쉽게 알 수는 없어요. 조금 더 초대교회 때 죄와 질병의 상관관계에 대해 알아야 하고, 단순 죄사함과 초월적 능력으로 질병을 고치는 것 중 왜 "일어나 걸어가라!"라고 하셨는지 알아야 하고, 단순 죄 사함에 대한 언급이 당시 어떤 죄로 처벌을 받게 되었는지 알아야 해요.

7. 믿은 지 얼마 안 된 양육자일지라도 어느 정도 신앙의 도전을 주도록 하세요.

"참 믿음을 소유한 자가 누릴 축복은 무엇인가요?"라는 질문을 다룰 때 초신자라도 도전을 주세요.

예를 들어, 앞으로 하루 1장씩 말씀읽기, 한 달에 한 번이라도 새벽예배 참석하기, 하루 5분이라도 기도하기 등을 결단 하도록 해 주세요.

8. 양육을 하면서 서로 기도제목을 나누세요.

밤 10시, 같은 시간 같이 기도하자고 해도 좋아요. 기도제목을 나누세요. 기도 응답을 받은 것이 있는지 묻고, 나누어야 해요.

9. 마음속으로 생각할 시간을 주세요.

가끔 질문을 하면 양육생들이 바로 대답을 못할 수 있어요. 그렇다고 바로 설명을 해서는 안 되어요. 마음으로 느끼고 생각할 시간을 주세요. 그 느끼고 생각하는 시간은 스스로 자문하고 숙고하는 귀한 시간이에요. 그 시간을 빼앗지 마세요.

10. 신앙생활을 잘하기 위해 말씀을 삶에 적용해 보도록 해 주세요.

1) 문자 혹 카톡으로 은혜로운 말씀을 아는 사람에게 전달하기

2) 다른 사람의 기도제목 받고 기도하기

3) 리더 혹 목회자와 식사하며 교제하기

4) 태신자와 차 마시며 신앙에 대해 나누기

5) 학교 혹 직장에 남들보다 5분 먼저 가 공기 환기하고 청소하기

양육생 교육 시 듣게 되는 실제적 질문들

1. 양육생이 믿음이 없을 수 있으니 삶 나눔과 몇 몇 질문 중심으로 해도 되나요?

저자의 의도를 살피세요. '총 7개의 질문 중에서 3-5개 정도는 해야 되겠다.'라고 생각할 수 있어요. 사실 제가 예전에 고 옥한흠 목사님 제자훈련 책을 사용할 때 이렇게 했어요. 1번부터 10번까지, 1번부터 12번까지의 질문이 있는데요. 각 권을 가르칠 때 저는 옥한흠 목사님의 저자 의도와 상관없이 젊은이들에게는 나눔이 중요하다고 생각했어요. 그래서 나눔을 더 풍성하게 하면서 적용하도록 의도했어요.

전, 다른 사람의 의견을 들어보는 것이 중요하다고 생각을 했어요. 그래서 10개, 12개의 질문이 있다고 하면 짝수만 골라서 6개의 질문을 하거나 홀수를 잡아서 6개 정도 했어요. 때로는 앞부분과 중간까지 나눔 하다가 뒤에는 못했어요.

그런데 제가 제자훈련에 대해 실제적인 멘토링을 해주는 곳에 가서 충격을 받았어요. 왜냐면 옥한흠 목사님이 이 책을 저작 하셨을 때 단순한 질문 같은데 그 질문을 한 의도가 있음을 알게 되었어요. 질문마다 저자의 목적이 있었던 거예요. 왜냐하면 어떤 것은 관찰의 질문으로 관찰하고 넘어가야 했고, 어떤 질문은 해석 질문으로 해석하고 넘어가야 했어요. 또 어떤 질문은 연구질문으로 깊이 묵상하며 연구하도록 목적을 가지고 집필하셨어요.

그러니까 30년 동안 계속해서 수정된 제자훈련 책은 제가 생각한 것보다 잘 구성되어 있었는데요. 전 그 구성과 목표와 방향성을 잡지 못하고 그냥 나눔 중심으로만 하려고 했던 것을 발견했어요. 나눔이 중요하니까, 적용이 중요하니까. 그런

데 그것이 아니라는 거예요.

이 제자훈련을 옥한흠 목사님과 같이 했던 분의 이야기를 들어보니 제자훈련을 하는 인도자들은 그 저자가 책을 통해 무엇을 이야기 하려고 하는지를 먼저 읽고서 펼쳐 보여줄 수 있어야한다는 거예요.

이 양육교재를 사용할 때도 선택적으로 몇 개의 질문들만 하지 않도록 주의해 주세요. 어떤 것은 좀 더 시간을 사용해야 하지만 모든 질문들을 다 그렇게 할 수도 없고, 하지 않아야 해요. 어떤 질문은 아주 간단하게, 어떤 질문은 좀 더 고민해야 해요. 저자의 의도가 무엇인지 파악하고, 전체를 균형 있게 하는 것이 중요해요.

2. 초신자를 교육할 때 질문 하나 하나를 심도 있게 다루어야 하나요?

무리하여 모든 질문을 다 심도 있게 하려고는 하지 마세요. 저자의 의도를 알고, 가르치는 것은 중요해요. 그런데 초신자는 접근을 조금 다르게 해야 해요. 다 펼쳐서 보여주어야 하니까 장황하게 설명하거나 이해를 하지 못하는데 계속 진도만 나가서는 안돼요. 그러면, 너무 버거울 수 있어요.

그렇다면 초신자에게는 어떻게 효과적으로, 지루하지 않게 전할 수 있을까요? 자신만의 각 과에 대한 로드맵을 어느 정도는 가지고 있어야 해요. 그래서 이 과에 공부할 때 이런 큰 그림, 저 과를 할 때는 저런 큰 그림이 있어야 해요.

“서론을 소개하고 바로 1번 질문으로 갔다가 2번 질문으로 갔다가 3번과 4번을 관찰하고, 6번과 7번을 좀 더 심도 있게 해야겠다. 이렇게 관통해서 이 과에서 이야기하는 바가 무엇인지를 나누어야겠다.”

그래서 초신자 양육에 있어서 이런 생각이 있어야 해요. “전체에서 이렇게 시간을 배분하여 알려줘야 되겠다.” 효과적으로 양육을 하기 위해서는 양육교안을 잘 작성해야 해요. 초신자와 한 주 교육을 길게 한다고 항상 좋은 것이 아니에요. 20분~30분 안에 끝낼 수 있도록 해야 해요.

3. 첫 과를 시작 할 때 어떻게 해야 할까요?

은혜롭게 관계 중심적으로 시작하세요. 처음은 오리엔테이션을 하세요. 101

겨자씨 양육교재는 챕터 1부터 챕터 10까지 구성 되어 있는데요. 사실, 이 책은 12주 과정이에요. 첫 주는 오리엔테이션을 하도록 구성하였고요. 그 뒤 1과부터 10과를 양육하고요. 마지막 주 12주는 '교육을 마치며' 챕터를 하도록 구성 되어 있어요.

첫 주는 오리엔테이션을 하고요. 둘째 주부터 1과를 나가는 거예요. 첫날부터 "1과 펴세요."라고 하면 안 돼요. 이름도 모르고, 어떻게 진행할지도 이야기 하지 않고, 바로 교육하는 것은 기름칠을 하지 않고 기계를 돌리는 것과 같아요. 비효율적이고, 부담스러워 할 수 있어요. 최소한 이름도 나누고, 전화번호도 공유하고, 어떻게 교육할지 나누고, 앞으로 잘 수료하도록 격려하고, 다짐도 받아야 해요. 그래서 처음 시작하는 오리엔테이션은 단순 1페이지가 아니라 앞으로 공부할 1과부터 10과를 잘 열어갈 문의 열쇠와 같아요.

그래서 양육리더는 처음 온 사람에게 "이름이 뭐예요?", "연락처를 좀 주시겠어요?" 부탁해야 해요. 좀 아는 사이라면 "몸무게도 좀 나눠 주시겠어요?" 하거나 "상목 형제님! 결혼 날짜가 언제예요?"라고 물으며 아이스브레이크를 하면 좋아요. 살짝 교육 받는 사람들의 이름, 전화번호, 관심사를 나누면 다음에 1과를 할 때 마음 문을 열고, 더 깊이 교육하고, 각자의 삶을 나눌 때 더 진솔하게 나누어 줄 수 있어요.

사실, 초신자는 얘기를 잘 안 해요. 특히, 내성적인 초신자는 더 얘기를 못하거든요. 그렇지만 오리엔테이션을 하면서 살짝 질문해 주면 서로 마음이 포근해져요. 잘 수료할 것을 서로 다짐을 하고, 간식이 있다면 간식을 먹으면서 편하게 교제하면 더 좋겠지요.

4. 1과에서 10과를 마치고 마지막 주는 어떻게 해야 할까요?

10과를 마치면 "교육을 마치며"라는 페이지가 있어요. 이 마지막 모임을 할 때는 양육생이 더 많이 말하고, 주도하도록 해 주세요!

이'교육을 마치고' 페이지를 꼭 하세요. 첫 번째 질문은 '그동안 양육 받으면서 감사했던 것은 무엇인가요? 하나님에게, 교회 혹 목사님에게, 혹 리더에게.' 편하게 얘기해달라고 하세요. 초신자들도 의외로 잘 나누어 줄 수 있어요.

그러면서 두 번째, 지금까지 양육 받으면서 궁금한 것 좀 얘기해달라고 하면 솔직히 나눌 수 있어요.

세 번째, '양육 받으면서 배우고, 실천하며 변화 된 것은 무엇인지.' 서로 나누도록 해 주세요. 처음 시작하기 전과 지금 다른 점을 말 할 거예요. "저는 성경을 1장씩 읽기 시작했어요.", "요즘 일주일에 한번 정도는 기도하고 자요.", "요즘 교회 나오려고 술친구들 다 끊었어요."

이런 저런 삶의 변화를 듣게 될 거예요. 네 번째는 질문을 던져 주세요. '자유롭게 리더에게 하고 싶은 말은 무엇인가요?' 말로 나누게 하거나 너무 내성적이거나 하면 글로 적어서 내도록 해 주세요.

1과~10과에서는 리더가 많은 얘기를 하였지만, '교육을 마치며'에서는 리더는 듣는 위치에 서도록 하세요. 초신자가 그 동안 느꼈던 것과 자신의 생각들을 진솔하게 얘기할 수 있도록 잠잠히 기다려 주세요. 재차 묻기도 해 주세요.

말을 하지 않아도 머릿속으로 생각하고 있을 수 있어요. 이 마지막 주에 여러분이 12주 동안 어떻게 양육 교육을 했는지 모니터링과 피드백을 받을 수 있어요. 그리고 마지막으로, 앞으로 더 뛰어들 교육과 훈련을 권면해주세요. 잘 모르겠다고 하면, 무엇을 들으면 좋을지 예를 들어 "만화 성경책 프로그램이 있는데 그것 한번 들으시면 좋겠어요. 그리고 1:1 8주 양육교육이 있는데 좋아요."라고 소개를 해 주세요.

"시간을 내서 꼭 그것을 해보라"고 권면해 주세요. 뭘 더 배우고 싶은지도 한번 물어봐주시고, 여러분이 들었던 교육과 훈련을 알려 주세요. 초신자가 처음 와서 어디에서 신청하는지도 모를 수 있으니 그것도 함께 알려 주세요.

5. 오리엔테이션이 끝난 뒤 1과 혹 3과 진도에 새로운 사람이 오면 어떻게 하나요?

오리엔테이션이 끝난 뒤 들어오는 양육생이 있을 수 있어요. 이 경우 어떻게 해야 할까요? 지난 주 혹 몇 주 전 오리엔테이션은 이미 다 끝났는데요. 양육하는 리더가 많다면 매주 오리엔테이션부터 하면서 1~10과를 나갈 수 있어요. 그러나 양육하는 리더가 많지 않을 때는 양육 중간부터 들어 올 수 있어요.

그런 경우, 아주 간략한 오리엔테이션을 하고, 그 해당과를 진행 주어야 해요. 매주 오리엔테이션을 길게 하고, 매주 새로 온 사람으로 이름과 연락처를 나누고, 매번 끝까지 열심히 해서 수료를 하겠다는 결단을 받을 수는 없어요.

6. 양육생이 잘 참여하도록 어떤 방법을 사용해야 할까요?

1과를 진행할 때 이렇게 해 보세요. "우리 수경 간사님은 1과 창조를 읽어 보았나요?" 수경 간사님이 읽어 보았다면, 간략히 어떤 내용인지 요약해 주세요!"라고 부탁해 주세요.

그럼, 수경 간사님이 초신자라면 아는 내용을 정리해서 말할 거예요.

"우리 몸에는 각각 여러 가지 기능을 가지고 있는 조직들이 있는데 그 조직들은 세밀하게 만들어져있고 각 각의 일을 하지만 하나이고 그것을 사람인 누군가가 만들기에는 쉽지 않아요."

그렇게 대답할 때 격려를 해 주어야 해요. 일단, 잘 읽든 못 읽든 격려를 해 주시고요. 양육생이 수동적으로 있다가 지루한 시간을 보내지 않도록 해 주세요. 질문을 읽게 하든지, 성경 구절을 읽게 하든지, 쉬운 질문을 주고 답변하도록 해야 해요.

7. 양육생과 교육을 할 때 주의 점은 무엇이 있나요?

"네. 그게 핵심이에요.", "아주 잘 대답해 주셔서 감사해요.", "정말, 예습을 잘 해 오셨네요." 제가 처음에 교재 1과 도입 글을 쓸 때요. 조금 복잡한 세포를 예로 잡았어요. 그런데 그 내용이 너무 복잡한 거예요. 이 초신자 양육 시간이 과학 증명 시간이 아니잖아요. 도입은 1과의 내용을 연결 시켜주는 이야기잖아요. 그래서 그 내용이 아닌 더 짧고 쉬운 이야기를 가져 온 거예요. 그러니 너무 도입 질문에 많은 시간과 에너지를 소비하지는 마세요.

세포, 세포의 핵, 그 핵 안에 또 구성요소를 장황하면 설명하면 안 돼요. 그러면, 초신자가 한번 양육 받고, 더 이상 교회를 안 나올 거예요.

이 도입 이야기를 통해 강조할 내용은 바로, 복잡한 인간의 몸을 창조하신 분이 계셔야 한다는 것이 목표에요.

8. 양육생이 질문을 많이 하는데 어떻게 해야 하나요?

믿은 지 얼마 안 된 양육생 혹 교회를 오래 다닌 양육생 중 질문을 많이 하는 지체들이 있어요. 예를 들어 창조에 대해 나눌 때 우리는 성경을 통해 누가 창조하셨는지 알려 주어야 해요. 그러나 변증적으로 해야겠다고 하며 진화론의 기원, 문제점, 대안을 다 나누려고 하면 안돼요.

헤겔이 말한 정반합의 방식으로 양육교육을 할 수 없어요. 그렇게 했다가는 시간이 부족하고요. 열 띤 토론은 할 수 있지만 창조주 하나님에 대해는 배우지 못해요. 진화론 이야기로 시작하여 진화론으로 끝날 수 있어요. 이렇게 양육을 하면 초신자는 이렇게 생각해요. '야 이거 재밌다. 오늘 토론이나 해보자.' 그러면 믿음이 생기는 것이 아니라 더 강한 의문이 생기게 되어요.

그 의문을 다루기는 해야 해요. 언제 다루어야 할까요? 바로, 초신자 교육 후 바나바 1:1 양육을 할 때 더 깊이 나누고 숙고해야 해요. 12주 초신자 과정에서 진화론을 논하는데 양육시간을 다 할애 하는 것은 지혜롭지 않아요.

진화론은 301 양육 할 때, 깊이 다루어요. 그 때 논리적으로 반박하며 점검해야 해요. 301에서 다양한 창조론을 다루어요. 오래된 지구 창조론, 젊은 지구 창조론, 점진적인 창조론, 유신론적인 창조론과 지적설계론을 논해요. 여러 창조론 중에 우리가 무엇을 믿어야하는지 다루어요. 진화론도 한 가지만 있는 것이 아니며, 그 문제점들도 많기에 나중 토론하고, 변증해야 해요. 그러나 101 겨자씨 양육이 아니라 301 혹 401 다림줄 양육 때 해야 해요.

그러니까 101 양육내용과 관련 없는 질문들은 잘 커트해야 해요. "세상을 누가 창조하셨어요?"라는 질문에 "창조주 하나님이 하셨다."는 사실을 알려 주어야 해요.

그러면 어떤 양육자는 "하나님이 선하다고 그러면서 전쟁을 일으켰어요? 아프리카 사람들은 복음을 듣지 못하는데 그거는 어떻게 해요?" 거기에 다 답을 해 주기를 원해요. 그런데, 양육 시간에 이런 질문들을 다 다루면서 그 질문자의 의문을 다 불식시키면 좋겠지만 그렇지 않아요. 질문이 또 다른 질문으로 이어지고, 나누어야 할 교육 내용을 전혀 나누지 못할 수 있어요.

9. 양육을 진행 때 주의 점은 무엇인가요?

질문을 할 때 골고루 해 주세요. 서로 돌아가며 읽도록 해 주세요. "이영 자매님이 한번 읽어주겠어요?" 네, 감사해요. "옆에 있는 가은 자매님이 창세기 1장 1절을 읽어주시겠어요?" 이렇게 부탁해 주세요.

너무 한 사람에게만 질문을 많이 하지 마세요. 그리고 질문 혹 성경을 읽은 뒤 "와~ 너무 잘 읽었어요. 목소리가 너무 예뻐요." 이렇게 칭찬을 해 주세요.

너무 기분이 좋을 것이고, 다음에는 더 잘 준비해 와서 읽고, 양육에 더 적극적으로 동참하게 될 거예요.

10. 양육 가르칠 때 놓치지 않아야 할 사항은 무엇인가요?

1과에서 땅의 혼돈과 공허를 나누는데요. 단순히 이 땅의 내용만 다루어서는 안 돼요. 실제로, 사람 마음에 혼돈과 공허가 있음과 그 혼돈과 공허 속에 오는 외로움은 없는지 점검해 주어야 해요. 그래서 주님이 필요한 존재임을 알려 주어야 해요. 이렇게 성경의 내용과 실제적인 삶을 같이 논해 주어야 해요.

양육교사가 꼭 기억해야 할 것이 있어요. 바로 매 과마다 회개, 복음, 결단, 영접이 들어가 있어야 해요. 초신자는 1주 만 오고 안 올 수 있어요. 2과를 참석하고 나중에 7과를 교육할 때 올 수 있어요. 드문드문 와요. 그런데 회개, 영접, 결단 내용이 어느 한 챕터에 국한 되어 있으면 복음이 무엇인지 모르고, 주님의 자녀로 영접할 수 없어요.

그래서 각 과에 복음적 요소, 회개의 결단, 주님을 영접, 천국으로 가는 기쁨을 알려 주도록 구성 되어 있어요. 1과는 칭의, 2과는 성화, 3과는 영화 주제로 배열하지 않았어요. 언제 오든지 복음에 대해 알고, 예수님을 영접하고, 천국의 백성이 되도록 구성하였어요.

1과의 핵심은 첫째 날 무엇을 창조하고, 셋 째날 무엇을 창조하고, 여섯 째날 인간을 창조한 것이 아니에요. 예수님을 믿음으로 공허가 없고, 천국의 평화를 이 땅에서도 누리는 복음을 드러내 주는 거예요.

각과의 맨 끝에는 기도가 있어요. 타락을 포커스로 해서 무엇이 타락했는지를 알려 주고 마치는 것이 아니라 우리가 죄인이라는 것을 알고 주님을 의지하고 살도록 해야 해요.

2과에서는 '육체를 따르지 않고 성령님을 따라 살도록 같이 기도해요.' 이는 양육생이 타락한 인간에서 주님의 도움을 받아서 회복되도록 해야 해요. 이를 위해 여러분이 '항상 내가 어디에 포커스를 두고, 결단 기도까지 이끌고 가야할지 선명한 로드맵이 있어야 해요.

그래서 1과에서 중요한 것은 세상 창조 자체가 아니에요. 이를 넘어서 창조된 피조물인 우리 마음이 어떠한지 논해야 해요. 1과에 '혼돈과 공허'라는 내용이 있었죠. 그 부분을 다룰 때 내면의 혼돈과 공허도 잠시 다루어야 해요.

그런 부분은 다루지 않고, 1차적인 창조만 다루어서는 안돼요. "하나님이 창조하신 세계는 어땠냐면요. 첫째 날에는 빛, 둘째 날에는 뭐예요? 셋째 날에는 뭐예요? 넷째 날에는 뭐예요? 다섯째 날에는요? 여섯째 날에는요?" 너무 단순 질문만 하고 넘어가서는 안 돼요.

창조를 다룰 때 "사람들에게는 어떤 복을 주셨나요? 다른 피조물에는 복을 주시지 않았는데 사람에게는 어떤 복을 주셨나요?"하며 조금 생각해 볼만 한 질문을 해야 해요. "생육하고 번성하고, 땅에 충만하고, 땅을 정복하도록 하셨어요." 즉, 모든 생물을 다스리도록 하셨어요. 그런데 문제가 생기게 되죠. "이 부분을 한 번 한나 자매님이 읽어줄래요?"

"네, 사람이 번성하고, 정복하고, 다스리도록 하셨어요. 하나님의 형상으로 지음 받은 우리에게 하나님의 청지기로서 이 직무를 맡기셨어요. 이를 문화명령이라고 해요. 우리의 존재가치가 하나님의 형상에서 비롯되었다는 사실을 확신하는 자는 세상에 속박당하고 비참하게 사는 것이 아니라 힘 있고 승리하는 삶을 살 수 있어요." 이런 부분을 우리는 양육 때 강조해야 해요.

"창조의 원래 목적이 무엇인가? 생육하고 번성하고 다스리는 것인데 우리는 지금 어떠한가?" 알고, 숙고하게 해야 해요. 결국 그렇게 하지 못한다는 거죠. 인간이 이렇게 연약한 존재이고, 속박당하고 비참하게 사는 존재일 수 있음을 언급해야 해요. 그러나 단순 정죄 감으로 마치는 것이 아니라 우리가 어떻게 승리하는 삶을 살아야 할지 가이드를 주어야 하고요.

선지서는 처음과 중반에는 정죄를 하시지만 마지막에는 희망과 소망의 부분으로 마쳐요. 이처럼 양육을 할 때 죄를 지적하는 단계를 넘어 어떻게 주님께 나아가 희망과 소망을 얻을지 가르쳐 주어야 해요.

11. 결단기도는 어떻게 해야 할까요?

결단기도는 같이 하세요. 먼저, 여러분이 읽고, 양육생이 여러분을 따라하게 하세요. "제가 먼저 읽겠습니다. 저를 따라하세요. 천지를 창조하신 주님, 태초에 저를 계획하시고, 이 땅에 보내어 주셔서, 감사드립니다. 주님을 제 마음에 모시고, 제 마음 속에, 혼돈과 공허가, 사라지게 해 주세요. 이 세상에 사는 동안, 참 평안과 안식을, 누리기를 소원해요. 저를 흙으로 지으시고, 생기를 불어 넣어 주신 주님! 제가 이 땅에서, 떠나는 날, 천국으로 들어가, 영원히 살게 해 주세요. 감사드립니다. 예수님의 이름으로, 기도드립니다. 아멘."

처음에 '기도해요.' 이 부분을 한 과만 집어넣으려고 했어요. 그런데 새가족팀 오랫동안 담당한 최하나 전도사님이 다 집어 넣어야한다고 하는 거예요. 그래서 그럼, 전도사님께 만들어 달라고 부탁하려고 했었는데요. 각 기도 부분이 각 과의 핵심 내용이 들어가야 하니 제가 만들면 좋겠다고 하였어요. 그래서 각 과에 기도문이 들어가게 되었어요.

그런데 지금 와서 보면, 각 과에 가르친 내용을 입술로 고백하면서 결단할 수 있어서 너무나 좋은 것 같아요.

12. 양육을 더 풍성하게 하려면 어떻게 해야 하나요?

질문이나 궁금한 사항을 물어 보게 해야 해요. 수동적으로 듣기만 하지 않도록 해야 해요. 다 이해 할 수 없는 것은 다시 물어보도록 해 주세요.

어떤 지체는 이런 질문을 했어요. "목사님! 정말 궁금해서 그런데...도마가 주방에서 사용하는 그 도마인가요?"이런 질문은 그래도 괜찮았어요. 정말 황당한 질문은 교회를 꽤나 다녔다는 양육생이 이런 질문을 했어요. "근데...시편 기자가 방송국 기자 뭐...그런 기자인가요?"

양육생을 교육하면 생각보다 엉뚱한 질문을 많이 해요. 그런데 이렇게 양육을 1:1 혹 소그룹으로 하니 정말 궁금해 하는 것들을 들을 수 있고 거기에 제대로 답해 줄 수 있는 것 같아서 참 좋아요.

13. 양육생과와의 삶 나눔은 어떻게 해야 할까요?

초신자와의 삶 나눔이 깊이 될까요? 실제적으로 잘 안 되는 듯해요. 그래서 처음에는 짧게 하고, 단순한 삶부터 나누어야 해요. 그러다가 점점 더 익숙해지면 좀 더 길게 깊이하면 좋아요.

너무 양육생에 대한 기대가 없고, 평가를 절하해도 좋지 않아요. 너무 길게 하려고 하지 않아야 해요. 초신자들 중에는 빨리 마치고 집에 가고 싶은 사람들이 있어요. 너무 오래 붙잡고 질리게 하면 다음에는 안 올 수 있어요.

50분을 넘게 가르치는 것은 문제가 될 수 있어요. 어떤 교역자는 이렇게 얘기했어요. 질문을 1번부터 7번까지로 하면 너무 길 것 같다는 거예요. 그런데 너무 교육을 빨리 마치는 것도 문제이고, 너무 길게 해도 문제라고 생각해요. 30분 미만으로 1번에서 7번 질문 중 4~5개를 너무 짧지도 않고 길지도 않게 하는 것을 권면합니다.

14. 양육생과 말씀을 나눌 때 너무 힘들지 않을까요?

단편적이고 표면적인 이야기만 하려고 하지 않아야 해요. "하나님은 천지를 창조하시고, 칠 일 째는 무엇을 하셨나요?" 안식에 대해서 이야기 하면서 우리에게도 안식이 필요함을 말씀하셨어요. 이런 내용을 전달 할 때 양육교사는 양육생이 겪게 될 말씀의 위력에 대해 간과해서는 안 돼요.

주님 안에 거할 때 안식할 수 있음을 이렇게 전하면 되어요. 마태복음 11장 28절을 고은 자매님이 한번 읽어주세요.

"수고하고 무거운 짐 진 자들아 다 내게로 오라 내가 너희를 쉬게 하리라"

사실, 주님은 우리가 주님에게 오기를 원하세요. 세상이 줄 수 없는 안식을 주시기를 원하세요. 그런데 양육할 때 '안식을 주기를 원하세요.'라는 부분을 말하지만 훈련교사에게는 그렇게 크게 다가오지 않을 수 있어요.

우리는 이미 평안, 은혜를 누리고 있고요. 이미 배가 부르고, 춥고 배고프지 않아요. 그러니 양육생 만큼 크게 느끼는 바가 없을 거예요. 그러나 우리가 처음 믿을 때의 그 감격과 은혜를 생각하며 나누어야 해요.

예를 들어서 좋은 핸드백을 가지고 있어도 처음에만 좋지요. 1, 2년이 지나면 그냥 가지고 있는 가방으로 느껴져요. 핸드백이 없는 사람은 핸드백을 보면 '와 나도 저것 가지고 싶은데...' 이렇게 부러워하는데 말이에요.

똑같이 양육생이 '안식', '쉼'이라는 단어를 들으면 충격을 받게 되어요. 저는 태신자들이 교회에 와서 정착하고 나중에 식사를 할 때가 있는데요. 교회에 왔을 때 어떤 것이 신선한 충격이었는지 물어보면 이런 대답을 듣곤 해요. "결혼자 커플이 앞에 나와서 축복을 받는 것을 보고 충격을 받았어요."

태신자 초청예배인 For You 예배 때 예배 시간을 줄여야한다고 생각해요. 실제로, 길면 초신자들이 힘드니 결혼 축복을 빼려고 한 적이 있었어요. 왜요? 길어지니까요. 그런데 제가 안 된다고 그랬어요. 왜냐면 태신자의 눈에는 '교회는 저렇게 축복을 해주는 곳이네? 저 사람은 결혼을 하는데 교회에서 결혼을 하는구나? 나랑 결혼은 먼 것 같은데, 나랑 결혼은 상관없는 것 같은데 이 사람들이 웃으면서 밝게, 배가 아플 텐데 밝게 축복을 해주네...특이하네...' 이렇게 생각하고, 교회 안에 일반적인 것이 처음 교회 온 사람에게는 충격으로 와 닿는 거예요.

그래서 저는 태신자가 교회를 바라보는 것이 우리가 보는 것과 다르다는 것을 알아요. 교회에서 축복할 때 우리가 그냥 의례적으로 꽃다발 전해주는 것인데요. 그들에게는 다르게 보여요.

이와 마찬가지로요. "형제님이, 자매님이 안식을 누릴 수 있어요." 이 말이 아무 말도 아닌 것 같지만 양육자가 이 말을 들으면 마음이 무너질 수 있다는 거예요. 충격을 받을 수 있어요.

우리 밤에 뜨는 별 기도회 시간에 초신자들 많이 오잖아요. 그런데 초신자들 대부분이 이렇게 말해요. 밤별에 설교를 듣지 않았는데, 찬양을 하지 않았는데, 그냥 의자에 앉아 있었는데 눈물이 난다는 거예요. 처음부터 끝까지 그냥 눈물이 난데요. 자기도 모르겠대요. 그런데 이것이 하나님의 역사인 것 같아요.

양육자가 이 한 구절 "수고하고 무거운 짐 진 자들아 다 내게로 오라 내가 너희를 쉬게 하리라." 이 한 구절만 제대로 읽게 하고 그것만 붙잡게 해주어도 인생의 변화가 있을 수 있어요

마틴 루터는 로마서 1장 17절을 읽고 인생의 자유함을 가졌어요. 신앙인이었지만 이신칭의라는 교리를 깨닫게 되고 수많은 종교의 타락에서 기독교가 타락하지 않도록 종교개혁가로 거듭나게 되었다는 거예요. 수많은 구절들이 아니었어요. 한 구절이었어요. 한 구절!

그래서 여러분들이 때로는 이렇게 생각할 수 있어요. '이것을 꼭 해야 할까? 이것을 이해할 수 있을까? 너무 딱딱하지 않을까?' 그런데 성경으로 부딪혀서 성경으로 가게 하는 것이 굉장히 힘이 있다는 거예요.

제가 금요기도회 인도할 때 기도회를 와보신 분도 있겠지만 제가 금요기도회를 인도하거나 기도십일조를 인도하거나 할 때 말을 많이 하지 않아요. 기도문 읽게 하고, 바로 기도하게 하고, 또 기도제목을 주고, 기도하게 하고 찬양하게 하고, 기도하게 하는 이유가 뭐냐면 사람의 말이 많아지면 우리는 도움이 될 것 같은데 기도가 끊겨요. 그리고 파워가 끊겨요. 그러면 기도회는 어떻게 인도해야하냐면 찬양을 하고 기도제목을 주고 바로 기도하게하고, 또 기도제목을 주고 기도하게 하고, 또 기도하게 하고, 찬양하게 하고, 찬양하게 하고, 기도하게 해야 이 기도가 폭발력이 있다는 말이죠.

여러분들이 양육 인도할 때도 똑같아요. "아 있잖아요. 제가 옛날에 사귀었던 오빠가 있는데요. 여러분! 그것 알아요? 그 오빠가 아이고!!" 그렇게 하면 엄청 재밌을 것 같은데 짜증이 난다는 거예요.

현재 남자친구도 아니고 옛날 남자친구를 자꾸 왜 이야기하는지 모르겠어요. 이런 개인적인 이야기가 도움이 될 때가 있지만 독이 될 수도 있어요. 어쨌든 여러분들이 양육할 때에는 양육자가 겪게 될 말씀의 파워에 대해 간과하지 말고 말씀 자체에 집중하려고 노력해야 해요.

초신자반 실제 데모

자! 기영이가 진짜 초신자들에게 하듯 잘 보여주었는데요. 어떤 점이 좋았나요? 네, 골고루 사람들을 잘 동참 시켰고요. 네, 친절했어요. 네, 맞습니다. 실천까지 할 수 있게 해주었지요. 자신이 하는 것과는 달리 이런 부분은 좋았다 하는 것이 더 있나요?

"여유가 있었던 것 같아요. 처음에는 '언제 끝나지?' 이런 생각을 조금 했는데요. 도입을 쫙 하면서 그 안에 다룰 내용이 싹 들어갔고요. 그러면서 전체 진행이 굉장히 매끄러워서 좋았어요. 그리고 끝난 뒤에 양육자들과 같이 식사까지 하는 이야기가 신선했고요. 알아야 할 광고 내용 그리고 밤에 뜨는 별 예배도 가자고 얘기했던 것이 상당히 좋았던 것 같아요.

다음 주는 누가 데모 진행 해 주나요? 네, 진형이가 준비해 주세요. 그러면 3과를 한번 볼게요. 3과는 원죄와 자범죄에 대한 이야기이에요.

원죄와 자범죄인데 초신자에게 원죄와 자범죄 이 두 가지를 다 설명하기에는 어렵지만 두 가지를 다 설명해주어야 해요. 원죄는 예수님의 구속으로 단번에 사해지지만 자범죄는 우리가 계속해서 성화의 삶을 살면서 회개해야한다는 것을 설명을 해주어야 해요.

그래서 처음에 1번 질문은 "인간은 어떤 상태에 있는가?"에요. 인간의 상태는 죄로 인해서 무능력한 상태였다는 거죠. 그리고 2번째 질문은 원죄를 가지고 태어난다는 거예요. 그러면 왜 무능력한가요? 원죄가 있기 때문에 그렇지요. 죄가 우리를 덮치고 있기 때문에 그렇다는 거죠. 그래서 십계명과 율법을 주셨어요. 죄를 더 범하지 않도록 그래서 어떤 면에서는 더 이상 넘어가지 않도록 경계를 정해서 더 이상 이 죄가 확산되지 않도록 하셨던 거구요.

그렇지만 3번에 율법이 순기능만 가지고 있는 것이 아니고 율법이 또 죄를 짓게 할 수도 있어요. 예를 들어서 도적질을 모르는 사람이 율법에 도적질 하지 말라고 그러면 도적질이 뭐지? 하고 도적질에 대해서 관심 있게 한다는 말이죠.

여러분 예전에 사건 24시, 추적 60분 이런 프로그램들이 있었는데요. 그것이 좋은 방송인 것 같았는데 어떻게 도둑질을 하는지를 가르쳐주는 그런 프로그램이 되었던 거예요. 범죄의 재구성 이런 것 있죠? 범죄자가 우유 통에 손을 집어넣어서 문을 딸 수 있구나. 사람들은 몰랐는데 그런 것들이 오히려 도둑들에게 범죄의 방법을 알려주는 교과서 같은 역할을 하게 되었어요. 율법의 역할도 그렇게 될 수 있다는 거죠. 그것이 역기능이라는 것이고요.

그러면 하나님께서 율법으로는 인간의 죄가 다 해결될 수 없으니까 하나님께서 주신 것이 무엇이냐? 예수님을 이 땅에 보내어 주셨다는 거죠. 율법이 우리의 죄를 잡아주지만 율법의 순기능으로 우리의 죄를 다 커버할 수 없으니까 온전하신 예수님을 통해 우리를 구원하시기 위해서 예수님을 보내주셨던 거예요. 하지만 우리는 여전히 회개할 죄인이지요.

왜 우리는 여전히 회개할 죄인이라는 걸까요? 우리가 아까 자범죄에 대한 이야기를 했잖아요. 한 번 사함을 받고, 한 번 회개를 하고 죄와 상관없이 사는 존재가 아니에요. 그러면 구원파가 되어버리거든요. 원죄와 자범죄 두 가지가 다 있다는 것을 설명을 해주어야 해요.

예수님이 원죄와 자범죄 모두를 다 사해 주셨지만 우리는 아직 죄성을 가지고 이 땅에서 살아가기에 죄를 지으면 회개해야 함을 알려 주어야 해요. 구원파는 예수님이 모든 죄를 다 사해 주셨기 때문에 구원 받은 뒤 회개를 할 필요가 없다고 해요. 구원파의 이런 교리로 세월호 사건 때 선장과 선원들은 선량한 시민들을 버리고 자신들만 배에서 탈출하고 수많은 사람들을 죽이고도 양심의 가책이 없어요.

3과에 대한 질문, 혹은 추가하고 싶은 것 얘기해주세요. 자, 이 101 겨자씨 양육의 하이라이트는 제가 볼 때는 영접인 것 같아요. 영접. 그리고 죄를 고백하는 것이에요. 이것이 계속해서 양육할 때 있어야 해요. 각 과에서 영접 아니면 죄에 대해서 자기가 예수님이 필요하다는 것을 계속해서 상기시켜 주세요.

영접의 첫 번째 스토리는 뭐냐면 밴쿠버에서 5세 이하에게 무료 곤돌라 티켓을 주는 거예요. 그런데 5세 이하 아이에게도 표를 검사한다는 거예요. 표가 무료인데 왜 그럴까요? 우리가 생각할 때에는 5세 이하 어린 아이는 무료니까 그냥 태워줄 것 같잖아요. 그런데 캐나다에서는 그렇지 않아요. 거기 매표소에 가서 똑같이 줄을 서고, "무료권 주세요."하고 무료권을 받아서 가지고 와야지 아이가 무료로 탈 수 있어요. 참 희한하죠. 딱 봐도 어린아이인데요. 그런데 그 무료 티켓이 없으면 안 되고, 없으면 돈을 내야해요. 무료인데 달라고 해서 받아 와야 해요. 이것이 우리가 복음을 알고, 주님을 믿고 구원을 요청하고 거저 받는 것과 유사해요.

구원은 무료라고 하잖아요. 거저 받는 거라고 하잖아요. 그런데 내가 예수님께 "저는 죄인이에요. 구원해주세요."라고 하지 않으면 안 돼요. 교회 나온 것이 중요한 것이 아니에요. 교회생활을 오래한 것도 중요하지 않아요. 정말 구원을 받는 것은 "내가 예수님을 영접하겠어요!"라는 고백이 있어야 해요.

그러면 예수님은 어떤 분이신가요? 왕, 제사장, 선지자. 이 세 가지. 3중직을 가지고 계세요. 예수님은 어떤 역할을 하셨냐면 첫 번째 왕으로서는 그냥 다스리는 거예요. 다스림! 두 번째와 세 번째, 제사장과 선지자는 비슷한 부분이 있어요. 왜냐하면 제사장도 하나님 앞에 나아가고, 선지자도 하나님 앞에 나아가거든요. 그런데 둘의 차이는 뭐냐면 제사장은 출발이 백성에서 출발하여 하나님께로 가요. 제사를 지내기 위해서 사람들의 죄를 가져다가 하나님께 가는 사람이 제사장이에요.

반면, 선지자는 하나님이 자꾸만 계시하시는 거예요. 그리고 선지자에게 말씀하시는 거예요. 그래서 하나님이 앞에서 하나님의 마음을 백성에게 전달하는데요. 그 출발점이 하나님이에요. 이런 차이가 있다는 것이죠. 그래서 예수님은 선지자적인 날카로운 지적도 하셨고, 제사장처럼 백성들의 죄를 끌어안고 우셨고, 왕으로서 바리새인들과 종교지도자들을 혼내면서 질서를 잡으셨어요.

5번에는 구원자 예수님을 받아들이지 않은 내용이 있어요. 사람들이 안 받아들

일 수 있다는 거예요. 왜 안 받아들였을까요? 영접하지 않은 자의 이유를 이렇게 말씀해요. '빛이 어둠에 비치되 어둠이 깨닫지 못하더라.' 요한복음 1장 5절은 우리의 본질상 빛을 싫어하는 인간임을 말하고 있어요.

영접하지 않은 자는 예수님에게 어떻게 행동했나요? 그 사람들은 예수님을 모욕했죠. '성전을 헐고 사흘에 짓는 자여.'라고 희롱했죠. 41절에. 그리고 42절에 '십자가에서 지금 내려올지어다.'라고 권위에 도전했죠.

그리고 7번에 구원에 있어서 양육자에게 이런 질문이 있을 수 있어요. "전 아무것도 안했는데 그런데 어떻게 제가 구원을 받아요?" 그런데 예수님이 돌아가실 때 강도는 십자가에 매달려있는 사람으로 아무것도 할 수도 없는 처지였어요. 손과 발이 묶여있지만 그때 한명은 예수님을 인정했고, 한명은 부인했죠. 그런데 그 인정한 사람을 예수님이 "오늘 네가 나와 함께 낙원에 있으리라." 하셨죠.

이것이 영접이고, 구원을 선물로 받는다는 거예요. 그리고 같이 영접기도를 하세요. "저는 천국에 갈 자격이 없는 죄인이에요. 그러나 그런 저를 위해서 이 땅에 오셔서 감사해요. 저에게 구원을 주시기 위해서 십자가에서 돌아가 주셔서 감사해요. 주님이 돌아가실 때 옆의 한 강도가 주님께 고백하였듯 이 시간 주님을 나의 주님으로 고백하오니 저를 낙원으로 인도하여 주세요."

양육 때 시간배분을 잘 하시고 너무 왕, 선지자, 제사장에 꽂혀서 거기만 길게 설명하다가 결단기도로 가지 않아야 해요. 질문 있나요?

"카톨릭은 선한 행위가 있어야 구원을 온전히 이룰 수 있다고 하는데요. 이런 질문을 어떻게 설명 하지요?"

아까 티켓을 받는다고 그랬죠? 티켓을 받아 왔어요. 그 티켓을 받으면 탈 수 있죠. 그런데 티켓이 예를 들어서 좀 지저분해졌어요. 조금 공기에 오염이 되었어요. 좀 낙서가 되어있어요. 좀 젖었어요. 좀 지저분하게 짝 잘렸어요. 그러면 그 차장이 "더러우니까 안 돼! 찢겼으니까 안 돼!" 이렇게 하지 않잖아요. "너는 티켓이 있으니까 오케이. 일단 티켓이 오래되어도 병들어도 그것이 티켓이니까 오케이." 우리에게 구원 받은 뒤 어떤 오점이 있기에, 선행이 부족하기에 구원 받지 못한다고 하면 카톨릭화 되는 거예요.

분명히 칭의를 받은 뒤 성화의 삶을 살아가려고 해요. 그러나 선행을 하기에 우리의 구원이 온전해 지는 것은 아니에요.

카톨릭의 주장이 무엇이냐 "너네 칭의만 받았다고 구원 확신할 수 있냐? 아니지 노력해서 선행을 해야지. 그러니까 선행을 안 하면 너네 구원이 사라질 수 있어." 그래서 이 구원을 선행에 의한 인간의 획득으로 천주교에서는 얘기를 하는 거예요.

그런데 우리는 그런 것이 아니에요. 하나님의 선택과 그리스도의 의로 구원을 받는 거예요. 끝까지 우리의 구원을 주님께서 이끌어 주세요. 이 그것이 무엇이냐면 성도의 견인이에요. 견인이라는 것은 뭐예요? 고장 난 차가 견인되어 갈 때 고장 난 차 안에서 핸들을 잘 돌려야 견이 될까요? 브레이크를 열심히 밟아야 할까요? 바퀴를 딱 들어가지고 브레이크를 잡던 핸들을 이리 저리 돌리던 그냥 견인해 가는 거죠. 그래서 이 성도의 견인 교리는 카톨릭과 이런 자력구원을 말하는 종파에서는 없어요.

그러나 구원 받은 성도는 아직 세상에 있으면서 죄를 지어요. 그러나 우리가 회개하면 용서해 주세요. 예를 들어서 남자친구랑 여자 친구랑 질투하고 싸울 때가 있죠? 그럴 때 서로가 사과하잖아요. "미안해!" 그러면 "그래. 그럴 수도 있지 뭐..."하고 용서해 주지요. 조그마한 죄를 지었다고 해서 "우린 절단이야. 내가 네게 준 선물 다 다시 내 놔." 이렇지는 않아요.

자녀를 키우면 거짓말하고, 게으르기도 하고, 불순종 할 때도 있어요. 그렇다고 부모와 자녀 관계가 쉽게 끊기지 않아요. 하나님께서도 예수 그리스도의 의로 자녀 된 우리를 어떤 사사로운 죄 하나로 자녀 됨을 포기하지 않으세요.

예수님이 십자가에서 돌아가실 때 양쪽에 강도들이 있었어요. 그 중 한 강도는 예수님을 영접하였어요. 십자가에 달려 아무런 선한 행위도 할 수 없는 강도에게 예수님께서는 자신과 함께 낙원에 있으리라 말씀하셨어요. 그 강도는 이미 세상 사람들이 봤을 때 진짜 죽어야하는 죄를 가지고 있는 사람이었어요. 작은 죄 정도가 아니라 누군가를 살인하였을 수도 있고, 누군가를 상당히 폭행 했을 수도 있어요. 엄청난 죄를 지었기에 십자가에서 처행 당해야 했어요.

그러나 예수님을 영접하자 지금까지의 모든 죄들을 사해주셨어요. 선한 행위로 구원 받는 것이 아니라 구원 받고, 선한 삶을 살아가는 것이지요.

네 좋은 질문이에요. 실제로 양육할 때 있을 수 있는 질문이니까요. 답변이 잘 되었는지 모르겠네요. 혹 여러분이 모르는 질문을 양육생이 물어 올 때 좀 더 알아보고 알려 주겠다고 이야기하고 나중 가르쳐 줘도 되어요.

101 양육교재
지침서 및 가이드북

Orientation

오리엔테이션

1. 서로 이름을 나누어 주세요.

2. 연락처를 서로 알려 주세요.

3. 앞으로 어떻게 진행 되는지 설명해 주세요.

4. 잘 수료하도록 다짐해 주세요.

5. 모르는 것이 있으면 편하게 질문해 주세요.

Chapter 1

Creation
창조

“

아주 복잡한 인간의 몸

아주 복잡한 인간의 몸

우리 신체는 단순해 보이지만 아주 복잡한 우주와 같아요. 몸의 기관계는 소화계(위, 장, 간, 식도, 입, 항문) 호흡계(기관지, 후두, 폐), 순환계(심장, 혈관, 비뇨), 생식계(신장, 방광, 요도, 정소, 난소), 신경계(뇌, 척수), 근골격계(근육, 뼈) 등이 있어요.

우리 몸에는 70조 이상의 많은 세포들이 있어요. 세포에서도 중요한 적혈구, 정상세포, 근육세포, 상피세포 등이 있고요.

골격은 우리 몸의 섬세한 기관을 보호하고 자세를 유지해 줘요. 흉곽의 움직임으로 폐를 부풀려서 숨을 쉬게 해 주고, 심장은 몸에 필요한 혈액을 펌프질하여 공급해요. 호흡은 인체의 활동에 힘을 불어넣기 위한 에너지를 만드는 복잡한 화학반응이에요. 헤모글로빈은 폐에서 산소를 얻어서 세포에 전달하고 다시 산소를 가져오기 위해 돌아가요. 내장기관 중 가장 크고 중요하며 복잡한 기관인 간은 살아 있는 화학실험실이면서 공장으로 단백질 생산, 철분과 비타민 저장, 인체의 필요한 100가지 이상의 다른 일을 해요.

이런 복잡한 인간의 몸이 스스로 만들어지거나 진화되기는 쉽지 않아요.

1. 누가 세상을 창조하셨나요?

1) 창세기 1:1

01 태초에 하나님이 (천지)를 창조하시니라

하나님께서 천지를 창조하셨어요.

무엇으로 이 세상을 창조하셨나요?

2) 히브리서 11:3

03 믿음으로 모든 세계가 하나님의 말씀으로 지어진 줄을 우리가 아나니 보이는 것은 나타난 것으로 말미암아 된 것이 아니니라.

말씀으로 이 세상을 창조하셨어요.

2. 하나님이 천지를 창조하시기 전에 땅은 어떠했나요?

창세기 1:2

02 땅이 혼돈하고 (공허)하며 흑암이 깊음 위에 있고 하나님의 영은 수면 위에 운행하시니라

이 세상은 혼돈과 공허 속에 있었어요. 하나님이 없는 인생의 마음도 혼돈과 공허가 가득해요.

(양육생에게 인생에 있어서 혼돈과 공허함을 겪은 적이 있는지 물어봐 주시는데 그에 앞서, 자신이 겪은 인생의 혼돈과 공허함에 대해 먼저 나누어 주시면 양육생이 더 마음 문을 열 거예요.)

3. 하나님은 만물을 며칠 동안 창조하셨나요?

엿새 동안에 창조하셨어요.

1) 첫째 날 – 빛

창세기 1:5

05 하나님이 빛을 낮이라 부르시고 어둠을 밤이라 부르시니라 저녁이 되고 아침이 되니 이는 첫째 날이니라

2) 둘째 날 – (물)

창세기 1:7

07 하나님이 궁창을 만드사 궁창 아래의 물과 궁창 위의 물로 나뉘게 하시니 그대로 되니라

3) 셋째 날 – 풀, 채소, 나무

창세기 1:12

12 땅이 풀과 각기 종류대로 씨 맺는 채소와 각기 종류대로 씨 가진 열매 맺
는 나무를 내니 하나님이 보시기에 좋았더라

4) 넷째 날 – **(해, 달, 별)**

창세기 1:16

16 하나님이 두 큰 광명체를 만드사 큰 광명체로 낮을 주관하게 하시고 작은
광명체로 밤을 주관하게 하시며 또 별들을 만드시고

5) 다섯째 날 – 물고기, 모든 생물, 모든 새

창세기 1:21

21 하나님이 큰 바다 짐승들과 물에서 번성하여 움직이는 모든 생물을 그 종
류대로, 날개 있는 모든 새를 그 종류대로 창조하시니 하나님이 보시기에
좋았더라

6) 여섯째 날 – 사람

창세기 1:27

27 하나님이 자기 형상 곧 하나님의 형상대로 사람을 창조하시되 남자와 여
자를 창조하시고

4. 하나님께서 모든 피조물을 지으신 후 사람에게 어떤 복을 주셨나요?

창세기 1:28

28 하나님이 그들에게 복을 주시며 하나님이 그들에게 이르시되 생육하고 번
성하여 땅에 충만하라, 땅을 정복하라, 바다의 물고기와 하늘의 새와 땅
에 움직이는 모든 생물을 다스리라 하시니라

1) 생육하고, 번성하게 하셨어요.

2) 땅에 충만하고 땅을 정복하도록 하셨어요.

3) 모든 생물을 다스리도록 하셨어요.

사람이 번성하고, 정복하고, 다스리도록 하셨어요. 하나님의 형상으로 지음 받은 우리에게 하나님의 청지기로서 이 땅을 맡기셨어요. 이를 문화명령이라고 해요. 우리의 존재가치가 하나님의 형상에서 비롯되었다는 사실을 확신하는 자는 세상에 속박당하고 비참하게 사는 것이 아니라 힘 있고 승리하는 삶을 살 수 있어요.

(문화명령대로 청지기로 번성하고, 정복하고, 다스려야 하는데요. 그렇지 않으면 사람은 영적으로도 번성하지 못하고, 오히려 정복당하고, 죄와 중독의 다스림 아래 살게 되어요. 그렇기 때문에 더 이상 성공과 쾌락 중심의 세

상 흐름에 물들지 않고, 정복하고 다스리는 영성 있는 하나님의 사람으로 서도록 권면해주세요.)

5. 하나님께서 사람을 창조하신 뒤 그 마음이 어떠하셨나요?

창세기 1:31

31 하나님이 지으신 그 모든 것을 보시니 보시기에 (심히 좋았더라) 저녁이 되고 아침이 되니 이는 여섯째 날이니라

다른 만물을 지으신 때는 "좋았더라"라고 말씀하셨으나 사람을 창조하신 후에는 "심히"라고 강조하며 좋았다고(영어로는 very good) 하셨어요. 너무나 큰 기쁨을 의미하는 것이지요.

6. 하나님은 천지를 창조하시고, 칠 일째는 무엇을 하셨나요?

창세기 2:2

02 하나님이 그가 하시던 일을 일곱째 날에 마치시니 그가 하시던 모든 일을 그치고 일곱째 날에 안식하시니라

일곱째 날에는 쉬셨어요. 안식하지 않아도 되시는 하나님께서 안식하심으로 우리에게 본을 보이신 것이에요. 주님은 그 분이 누리셨던 온전한 안식에 우리도 거하길 원하세요. 어떻게 우리는 그분의 안식을 누릴 수 있을까요?

마태복음 11:28

28 수고하고 무거운 짐 진 자들아 다 내게로 오라 내가 너희를 쉬게 하리라

주님은 우리가 주님에게 오기를 원하세요. 세상이 줄 수 없는 안식을 주시기를 원하세요.

주님께 나아오는 자에게 주시는 내면의 변화는 무엇인가요?

요한복음 14:27

27 평안을 너희에게 끼치노니 곧 나의 평안을 너희에게 주노라 내가 너희에게 주는 것은 세상이 주는 것과 같지 아니하니라 너희는 마음에 근심하지도 말고 두려워하지도 말라

주님 안에 거하는 자만이 세상이 줄 수 없는 내적 축복을 누리게 되어요.

7. 하나님이 인간을 창조할 때 다른 창조물들과 다른 점은 무엇인가요? 특별히 무엇을 불어넣어 주셨나요? 죄로 인해 타락하기 전 인간은 어떤 상태였을지 상상해 보아요.

창세기 2:7

07 여호와 하나님이 땅의 흙으로 사람을 지으시고 (생기)를 그 코에 불어넣으시니 사람이 생령이 되니라

태초에 하나님이 창조하신 세상은 생명으로 충만한 완전한 세상이었어요.

에덴동산과 처음 지으신 사람의 모습을 통해 우리는 천국을 상상하며 소망할 수 있어요. 이 땅에서 우리의 육체는 흙으로 돌아가지만, 예수님을 믿으면 우리의 영혼은 천국에 갈 수 있어요. 천국에서는 지금의 연약한 몸이 아닌 거룩한 새 육체 영원한 몸으로 부활하게 되어요.

“천국에 가도록 함께 기도해요”

천지를 창조하신 주님

태초에 저를 계획하시고, 이 땅에 보내 주셔서 감사드립니다.

주님을 제 마음에 모시고, 제 마음 속에 혼돈과 공허가 사라지게 해 주세요.

이 세상에 사는 동안 참 평안과 안식을 누리기를 소원합니다.

저를 흙으로 지으시고, 생기를 불어 넣어 주신 주님!

제가 이 땅에서 떠나는 날 천국으로 들어가 영원히 살게 해 주세요.

감사드립니다. 예수님의 이름으로 기도드립니다. 아멘.

Chapter 2

Depravity

타락

“

어린 아이의 고백

어린 아이의 고백

사람은 모두가 타락했을까요? 성경은 인간 모두가 다 전적으로 타락했다고 하는데요.

정말 그런가요?

유치부 아이들에게 설교할 때였어요. 너무나 순수한 영혼들에게 죄에 대해 설교할 때였어요. 예배 설교 중 그 착한 아이들 중 한 아이가 자신은 죄인이라고 이야기했어요. 저는 깜짝 놀랐어요. 그 어린 유치부 아이도 자신이 죄인임을 알고 있다는 사실이 놀라웠어요. 그리고 자신이 죄의 영향 아래 사는 사람임을 느끼고 있었어요.

나이가 들수록 사람은 더 영악해지고 법망을 피하며 더 죄를 짓기도 하는 죄인이에요. 그런 우리의 모습은 우리가 전적으로 타락한 존재인 것을 이미 증명하고 있어요.

1. 에덴동산에서 아담과 하와가 살고 있었어요. 하나님께서 모든 것을 다 주셨지만 금하신 것이 있었어요. 무엇이었나요?

창세기 2:16-17

16 여호와 하나님이 그 사람에게 명하여 이르시되 동산 각종 나무의 열매는 네가 임의로 먹되

17 (선악)을 알게 하는 나무의 열매는 먹지 말라 네가 먹는 날에는 반드시 죽으리라 하시니라

선악과를 먹으면 반드시 죽게 된다고 하셨어요.

2. 하와가 홀로 있을 때 누가 하와를 찾아왔나요?

창세기 3:1

01 그런데 뱀은 여호와 하나님이 지으신 들짐승 중에 가장 간교하니라 뱀이 여자에게 물어 이르되 하나님이 참으로 너희에게 동산 모든 나무의 열매를 먹지 말라 하시더냐

뱀은 하와를 어떻게 꾀었나요?

창세기 3:4

04 뱀이 여자에게 이르되 너희가 결코 죽지 아니하리라

뱀은 하나님의 말씀을 왜곡 시켰어요.

(사탄은 여전히 하나님의 말씀을 왜곡시켜요. 이단도 말씀의 의미를 곡해하여 해석하는데요. 신천지는 로마서 3장 7절을 잘못 해석해요. "그러나 나의 거짓말로 하나님의 참되심이 더 풍성하여"이 말씀은 거짓을 하게 하는 모략 교리를 가르치는 것이 아니지요. 7절 하반절을 더 보면, "그의 영광이 되었다면 어찌 내가 죄인처럼 심판을 받으리요"라고 반문하고 있어요. 이는 그렇게 거짓으로 하나님의 참되심이 드러날 수 없음을 말하고 있어요.

그 뒤 8절에 바울은 이렇게 말해요. "또는 그러면 선을 이루기 위하여 악을 행하자 하지 않겠느냐 어떤 이들이 이렇게 비방하여 우리가 이런 말을 한다고 하니 그들은 정죄 받는 것이 마땅하니라"바울은 분명 그렇게 하면 선을 이루기 위하여 악을 행하자 하게 되고, 결국 그렇게 하면 정죄를 받는 것이 마땅하다고 해요.)

이렇듯 말씀을 왜곡 혹 곡해하는 것은 합당하지 않아요.

3. 죄를 범한 뒤 하나님이 아담을 불렀을 때 아담은 어디 있었나요?

창세기 3:8

08 그들이 그 날 바람이 불 때 동산에 거니시는 여호와 하나님의 소리를 듣고 아담과 그의 아내가 여호와 하나님의 (낯)을 피하여 동산 나무 사이에 숨은지라

아담은 왜 숨어 있었나요?

죄를 지으면 하나님 앞에 나오기를 꺼리게 되어요. 사람은 죄를 지으면 지을수록 더 하나님 앞에 나오기를 꺼려해요.

4. 선악과를 먹은 뒤 어떤 벌을 받았나요?

1) 뱀

창세기 3:14

14 여호와 하나님이 뱀에게 이르시되 네가 이렇게 하였으니 네가 모든 가축
과 들의 모든 짐승보다 더욱 저주를 받아 배로 다니고 살아 있는 동안 흙
을 먹을지니라

2) 하와

창세기 3:16

16 또 여자에게 이르시되 내가 네게 (임신)하는 고통을 크게 더하리니 네가
수고하고 자식을 낳을 것이며 너는 남편을 원하고 남편은 너를 다스릴 것
이니라 하시고

3) 아담

창세기 3:19

19 네가 흙으로 돌아갈 때까지 얼굴에 땀을 흘려야 먹을 것을 먹으리니 네가 그
것에서 취함을 입었음이라 너는 흙이니 흙으로 돌아갈 것이니라 하시니라

(처음 유혹을 당한 여자 하와는 임신의 고통을 받게 되었고, 그다음 선악과를 먹은 아담은 땀을 흘려야 먹을 것을 얻게 되었고, 이 두 사람을 넘어트린 뱀은 배로 다니고 살아 있는 동안 흙을 먹는 벌을 받았어요.)

5. 타락한 뒤 인간은 어떻게 되었나요?

1) 육체

창세기 3:19b

19 너는 흙이니 흙으로 돌아갈 것이니라 하시니라

(이 땅에서 영원히 살지 못하고, 선악과를 먹은 인간은 흙으로 돌아가게 되었어요.)

2) 마음

예레미야 17:9

09 만물보다 거짓되고 심히 부패한 것은 마음이라 누가 능히 이를 알리요마는

(인간의 마음은 심히 부패하게 되었고, 누구도 그 속을 알지 못하는 죄성을 가지게 되었어요.)

3) 영혼

에베소서 2:1

01 그는 허물과 죄로 죽었던 너희를 살리셨도다

육체, 마음, 영혼이 전적으로 죄로 인해 오염되어 부패한 본성을 가지고 있었어요.

(허물과 죄로 죽게 되었어요. 그러나 예수 그리스도의 보혈의 피로 사함을

받았어요. 구원 받았지만 우리 속에는 여전히 부패한 본성의 일부를 가지고 있어요. 그래서 우리는 예배하고, 그 죄성이 우리를 주장하지 못하도록 경건의 훈련을 해야 해요.)

6. 뱀이 아담과 하와를 유혹하였듯 사단은 우리를 유혹해요. 우리는 무엇을 두려워해야 하나요?

고린도후서 11:3

03 뱀이 그 간계로 하와를 미혹한 것 같이 너희 마음이 그리스도를 향하는 (진실)과 (깨끗)에서 떠나 부패할까 두려워하노라

아담과 하와가 죄로 인해 하나님과 멀어졌듯이 우리도 예수님으로부터 멀어지는 것을 두려워해야 해요.

(작은 죄에 대해 더 민감해야 해요. 그리고, 철저히 회개하는 삶을 살아야 해요. 그렇지 않으면 큰 죄를 지어도 감각이 없고, 나중에는 양심에 화인 맞은 자가 되어 주님의 심판을 피할 수 없게 되어요.)

7. 우리는 어떻게 해야 이 육체의 욕심을 따라 살지 않을까요?

갈라디아서 5:16

16 내가 이르노니 너희는 성령을 따라 행하라 그리하면 육체의 욕심을 이루지 아니하리라

육체의 욕심을 이루지 않도록, 성령님을 따라 살아야 해요.

“육체를 따르지 않고, 성령님을 따라 살도록 같이 기도해요”

주님! 저는 타락한 인간이에요.

제 힘으로는 제 안의 죄를 좌지우지 할 수 없어요.

제 마음은 부패하고, 저의 심령은 부패해요.

아담과 하와가 뱀의 유혹에 넘어간 것처럼 저도 때로는 넘어져요.

그러나 이제는 육체의 소욕을 따라 살지 않기를 소원해요.

제 속에 들어와 다스려 주시고, 성령님의 소욕을 따라 살게 해 주세요.

예수님 이름으로 기도합니다. 아멘

Chapter 3

Restoration

구속

"

원죄와 자범죄 이야기

원죄와 자범죄 이야기

아담과 하와는 에덴동산에서 선악과를 먹었어요. 그 나무는 하나님께서 금하신 것이었는데요. 아담과 하와는 뱀의 유혹에 넘어가 탐스럽고 먹음직한 선악과를 먹고 하나님과 같이 되려고 했어요.

그 선악과를 먹은 인간은 스스로 선과 악을 판단하며 자신이 신이 되려고 해요. 타락한 본성을 가지게 되었고, 그 죄성은 자손에게 유전되었어요. 이 죄를 바로 원죄라고 해요.

원죄를 가지고 태어나는 인간은 매일 매일 숨을 쉬듯 살면서 죄를 지어요. 회개하고도 다시 죄를 지어요. 이런 반복 되는 죄를 자범죄라고 해요. 이 자범죄를 우리는 날마다 회개해야 해요.

1. 이 땅에 사는 인간은 어떤 상태에 있나요?

로마서 3:9-12

09 그러면 어떠하냐 우리는 나으냐 결코 아니라 유대인이나 헬라인이나 다
죄 아래에 있다고 우리가 이미 선언하였느니라
10 기록된 바 (의인)은 없나니 하나도 없으며
11 깨닫는 자도 없고 하나님을 찾는 자도 없고
12 다 치우쳐 함께 무익하게 되고 선을 행하는 자는 없나니 하나도 없도다

우리 인간은 고상해 보여도 다 죄 아래에 있어요.

(야고보서 1장 15절은 이렇게 경고해요.
"욕심이 잉태한즉 죄를 낳고, 죄가 장성한즉 사망을 낳느니라"
사람의 마음 속 탐욕은 죄를 낳고, 그 죄는 계속 자라나 결국 그 영혼을 파멸시킨다고 하였어요.)

2. 원죄를 갖고 태어나는 사람은 죄를 지어요. 그런 우리가 죄를 더 범하지 않도록 무엇을 주셨나요?

하나님은 십계명과 율법을 주셨어요.

3. 하나님께서 주신 율법은 죄를 억제하는 순기능이 있지만, 율법이 해결하지 못하는 것도 있어요. 그것은 무엇인가요?

로마서 7:7–10

07 그런즉 우리가 무슨 말을 하리요 율법이 죄냐 그럴 수 없느니라 율법으로
말미암지 않고는 내가 죄를 알지 못하였으니 곧 율법이 탐내지 말라 하지
아니하였더라면 내가 탐심을 알지 못하였으리라
08 그러나 죄가 기회를 타서 계명으로 말미암아 내 속에서 온갖 탐심을 이루
었나니 이는 (율법)이 없으면 죄가 죽은 것임이라
09 전에 율법을 깨닫지 못했을 때에는 내가 살았더니 계명이 이르매 죄는 살
아나고 나는 죽었도다
10 생명에 이르게 할 그 계명이 내게 대하여 도리어 사망에 이르게 하는 것이
되었도다

죄를 인식하고 주목하게 되어 더 죄를 짓게 하기도 해요. 어떤 누구도 율법을 온전히 지킬 수 없어요. 따라서 율법은 우리를 정죄할 뿐 생명을 주지 못해요.

4. 여전히 율법 아래서 죄에 대해 억제를 받지만 죄에서 벗어날 수 없었어요. 그 결과 어떻게 되었나요?

로마서 3:23

23 모든 사람이 죄를 범하였으매 하나님의 영광에 이르지 못하더니

우리 모두는 죄로 말미암아 하나님께 다가 설 수 없었어요.

5. 하나님께서는 이 죄를 해결하시기 위해 누구를 보내 주신다고 하셨나요?

로마서 3:24

24 그리스도 예수 안에 있는 (속량)으로 말미암아 하나님의 은혜로 값 없이 의롭다 하심을 얻은 자 되었느니라

하나님은 자신의 백성을 구원해 줄 예수님을 보내어 주셨어요.

(구약 성경과 신약 성경을 아주 요약하고 요약하면 구약은 오실 메시야에 대해, 신약은 오신 메시야에 대해 말씀하고 있다고 할 수 있어요.)

6. 하나님께서는 우리의 죄를 사해 주시고, 구원해 주시기 위해 어떤 방법을 사용하셨나요?

로마서 5:8

08 우리가 아직 죄인 되었을 때에 그리스도께서 우리를 위하여 죽으심으로 하나님께서 우리에 대한 자기의 (사랑)을 확증하셨느니라

우리의 죄를 대신 지심으로 인하여 십자가에서 죽으셨어요. 그로 인해 우리의 죄를 씻음 받게 되었어요.

7. 나 자신은 죄인이고, 나의 힘으로는 구원받을 수 없는 존재라는 것이 믿어지나요?

(양육생 자신 또한 죄인인 것을 알게 되었는지 물어봐 주시고, 자신이 죄인임을 입으로 시인하게 하고, 예수님의 죄사함을 간구하며 같이 기도해 주세요.)

“구원받도록 같이 기도해요”

하나님 아버지! 저는 죄인이에요.

제 마음 중심에 제가 앉아 하나님과 같아지려고 해요.

죄를 짓고도 때로는 죄인 줄 모르고, 죄인 줄 알아도 그 죄를 반복해서 지어요.

저는 주님이 필요해요.

저를 주님의 자녀로 삼아 주시고, 저 같은 죄인을 용서해 주세요.

제 힘으로 죄를 이길 수 없음을 고백해요.

저를 주님의 자녀로 삼아 주시고, 어둠의 지배에서 벗어나게 해 주세요.

예수님 이름으로 기도드립니다. 아멘.

Chapter 4

Receiving
영접

"

무료라도 있어야 할
싸이프러스 티켓

무료라도 있어야 할 싸이프러스 티켓

캐나다 밴쿠버에 가면 멋진 스키를 탈 수 있는 싸이프러스 마운틴(Cypress Mountain)이 있어요. 싸이프러스 정상에 올라가 스키를 타려면 곤돌라를 타고 가야 해요. 5세 이하의 아이들은 무료로 이용할 수 있어요. 그런데 5세 미만의 아이라도 티켓 구매 소에서 제공되는 무료 티켓을 받아오지 않으면 태워 주지 않아요.

이처럼 예수님이 믿는 우리에게 무료로 구원을 베풀어 주시지만 달라고 요청하지 않으면 누구도 구원을 받을 수 없어요. 주님을 영접하고, 주님의 뜻대로 사는 자를 주님은 자녀로 인정해 주세요. 그 주님을 영접하기를 소원해요.

1. 하나님은 그의 독생자를 세상에 보내 주신다고 예언하셨나요?

이사야 7:14

14 그러므로 주께서 친히 징조를 너희에게 주실 것이라 보라 (처녀)가 잉태하
여 아들을 낳을 것이요 그의 이름을 임마누엘이라 하리라

2. 예수님은 어떻게 이 땅에 태어나셨나요?

누가복음 1:35

35 천사가 대답하여 이르되 성령이 네게 임하시고 지극히 높으신 이의 능력
이 너를 덮으시리니 이러므로 나실 바 거룩한 이는 하나님의 아들이라 일
컬어지리라

3. 예수님 이름의 뜻은 무엇인가요?

마태복음 1:21

21 아들을 낳으리니 이름을 예수라 하라 이는 그가 자기 백성을 그들의 죄에
서 구원할 자이심이라 하니라

4. 예수님은 어떤 분이신가요?

1) (왕)

요한복음 12:13

13 종려나무 가지를 가지고 맞으러 나가 외치되 호산나 찬송하리로다 주의
이름으로 오시는 이 곧 이스라엘의 왕이시여 하더라

2) 제사장

히브리서 7:17

17 증언하기를 네가 영원히 멜기세덱의 반차를 따르는 제사장이라 하였도다

3) (선지자)

요한복음 6:14

14 그 사람들이 예수께서 행하신 이 표적을 보고 말하되 이는 참으로 세상에
오실 그 선지자라 하더라

5. 사람들은 그 구원자 예수님을 받아들이지 않았어요. 그 이유는 무엇이었나요?

요한복음 1:5

05 빛이 어둠에 비치되 어둠이 깨닫지 못하더라

어둠에 속하여 빛으로 나오려고 하지 않았어요.

(예수님을 알지 못해 여전히 어둠에 사는 주위 사람은 없는지 나누어 주세요. 그러면서 빛이 아니라 어둠 속에서 사는 삶의 실체와 그 유해함이 무엇인지 숙고하게 해 주세요.)

6. 예수님을 영접하지 않은 자는 예수님께 어떻게 행동했나요?

마태복음 27:39-42

39 지나가는 자들은 자기 머리를 흔들며 예수를 모욕하여
40 이르되 성전을 헐고 사흘에 짓는 자여 네가 만일 하나님의 아들이어든 자
기를 구원하고 십자가에서 내려오라 하며
41 그와 같이 대제사장들도 서기관들과 장로들과 함께 희롱하여 이르되
42 그가 남은 구원하였으되 자기는 구원할 수 없도다 그가 이스라엘의 왕이
로다 지금 (십자가)에서 내려올지어다 그리하면 우리가 믿겠노라

구원자 예수님을 십자가에 매달고, 조롱하였어요.

(양육생 중 혹시 예수님을 거부하고, 교회를 욕하고, 하나님에 대해 안 좋게 생각한 사람은 없었는지 나누도록 해 주세요.)

7. 예수님이 십자가에서 돌아가실 때 두 강도는 아무 것도 할 수 없었어요.

그러나 주님은 한 강도를 낙원으로 인도해 주신다고 하셨어요. 그 이유는 무엇이었나요?

누가복음 23:39-43

39 달린 행악자 중 하나는 비방하여 이르되 네가 그리스도가 아니냐 너와 우리를 구원하라 하되
40 하나는 그 사람을 꾸짖어 이르되 네가 동일한 정죄를 받고서도 하나님을 두려워하지 아니하느냐
41 우리는 우리가 행한 일에 상당한 보응을 받는 것이니 이에 당연하거니와 이 사람이 행한 것은 옳지 않은 것이 없느니라 하고
42 이르되 예수여 당신의 나라에 임하실 때에 나를 기억하소서 하니
43 예수께서 이르시되 내가 진실로 네게 이르노니 오늘 네가 나와 함께 (낙원)에 있으리라 하시니라

예수 그리스도를 영접했기 때문이에요.

여러분은 예수님을 믿고 영접하여 오늘 죽더라도 영원한 천국에서 살기를 원하나요?

한 강도가 십자가 위에서 죽기 전 예수님을 믿었듯 죄인인 당신도 예수님을 믿으시겠어요?

(우리가 선행으로 구원받는 것이 아니라 아무리 흉악한 살인자, 강간자, 도둑일지라도 예수님을 믿으면 구원받은 것처럼 우리 또한 예수님을 믿음으로 구원을 받고 하나님의 자녀가 되는 것임을 설명해 주세요.)

“영접 기도를 같이 고백해요”

주님!

저는 천국에 갈 자격도 없는 죄인이에요.

그러나 그런 저를 위해 이 땅에 오셔서 감사해요.

저에게 구원을 주시기 위해서 십자가에서 돌아가 주셔서 감사해요.

주님이 돌아가실 때 옆에 한 강도가 주님을 고백하였듯

이 시간 주님을 나의 주님으로 고백하오니 저를 낙원으로 인도하여 주세요.

예수님 이름으로 기도드립니다. 아멘.

Chapter 5

Justification
칭의

“

태어나지는 태아

태어나지는 태아

아이는 스스로 혼자 태어날 수 없어요. 부모의 사랑으로 아이는 태어나는 것이죠. 아이가 태어나는데 부모를 선택하지 않아요. 병원을 결정하지 않아요.

자신의 몸이 만들어지는데 자신의 노력으로 되지 않아요. 태어나고, 자랄 때도 부모의 수고를 통해 가능하게 되죠.

1. 죄인인 우리가 어떻게 하나님의 자녀가 될 수 있나요?

요한복음 1:12

12 영접하는 자 곧 그 이름을 믿는 자들에게는 하나님의 (자녀)가 되는 권세
를 주셨으니

영접하는 자는 예수님의 이름을 믿는 가운데 의롭다 함을 받고, 하나님의 자녀가 되어요.

2. 죄로 인하여 하나님과의 관계가 끊어진 우리를 다시 화해하도록 하신 방법은 무엇인가요?

요한일서 2:2

02 그는 우리 죄를 위한 화목 제물이니 우리만 위할 뿐 아니요 온 세상의 죄
를 위하심이라

화목제물로 죽으셔서 우리와 하나님 사이를 화해시키셨어요.

3. 예수님이 십자가에 죽으심으로 우리에게 어떤 변화가 일어났나요?

로마서 3:24

24 그리스도 예수 안에 있는 속량으로 말미암아 하나님의 (은혜)로 값없이 의
롭다하심을 얻은자 되었느니라.

로마서 3:26

[26] 곧 이 때에 자기의 의로우심을 나타내사 자기도 의로우시며 또한 예수 믿는 자를 의롭다 하려 하심이라

'십자가'는 예수님께서 우리 대신 죗값을 치른 형벌이에요. 완벽하게 의로우신 예수님이 우리 대신 형벌을 받았어요. 그래서 죄인이었던 우리가 예수님의 죽으심으로 의인이 되었어요. 우리가 예수님을 믿으면 의롭다고 하세요.

4. 우리가 자신의 의를 자랑 할 수 없는 이유는 무엇인가요?

로마서 3:27-28

[27] 그런즉 자랑할 데가 어디냐 있을 수가 없느니라 무슨 법으로냐
(행위)로냐 아니라 오직 믿음의 법으로니라
[28] 그러므로 사람이 의롭다 하심을 얻는 것은 율법의 행위에 있지 않고 믿음
으로 되는 줄 우리가 인정하노라

구원은 하나님의 은혜로 얻게 되어요. 사람의 노력과 고행을 수행함으로 주어질 수 없어요.

성경은 오직 은혜로 구원을 받는다고 해요. 행위로 이루어질 수 없고, 누구도 자랑할 수 없다고 해요.

5. 믿는 자에게 주어진 구원은 언제부터 작정 되고, 예정 되었을까요?

에베소서 1:4-5

04 곧 창세 전에 그리스도 안에서 우리를 택하사 우리로 사랑 안에서 그 앞에 거룩하고 흠이 없게 하시려고

05 그 기쁘신 뜻대로 우리를 (예정)하사 예수 그리스도로 말미암아 자기의 아들들이 되게 하셨으니

하나님은 영원부터 모든 선택받은 자들을 작정(作定)하시고, 예정하셨어요.

6. 우리에게 구원을 거저 주신 이유는 무엇인가요? 우리는 주님께 어떠한 반응을 해야 할까요?

에베소서 1:6

06 이는 그가 사랑하시는 자 안에서 우리에게 거저 주시는 바 그의 은혜의 영광을 찬송하게 하려는 것이라

예수 그리스도 안에서 우리에게 구원을 거저 주셨어요. 그 은혜를 받은 우리는 바로 주님을 찬송하게 하려 함이었어요.

7. 나 자신은 어떻게 구원 받을 수 있나요?

로마서 10:9–10

09 네가 만일 네 (입)으로 예수를 주로 시인하며 또 하나님께서 그를 죽은 자
가운데서 살리신 것을 네 마음에 믿으면 구원을 받으리라
10 사람이 마음으로 믿어 의에 이르고 입으로 시인하여 (구원)에 이르느니라

예수 그리스도를 마음에 받아들이고 입으로 시인하면 구원을 받을 수 있어요.

그럼, 어떻게 우리가 구원 받은 것을 확신할 수 있나요?

고린도전서 12:3

03 그러므로 내가 너희에게 알리노니 하나님의 영으로 말하는 자는 누구든지
예수를 저주할 자라 하지 아니하고 또 성령으로 아니하고는 누구든지 예
수를 주시라 할 수 없느니라

예수 그리스도를 주님, 즉 내 인생의 주인이라고 고백할 수 있는 것은 성령님의 감동으로 가능한 것이에요. 성령님께서 그 확신을 주시는 거에요. 만약 당신이 입으로 고백하고 마음으로 받아들였다면 이것도 성령님께서 하신 일이에요.

예수님을 나의 구원자라고 고백할 수 있다면, 내가 예수님의 자녀인 것이에요.

“구원 받는 자녀에 대한 감사기도”

사랑의 주님!

제가 어떤 것도 할 수 없을 때 저를 창조해 주셔서 감사해요.

제가 어떤 것도 할 수 없을 때 부모님을 통해 태어나 자라게 해 주셔서 감사해요.

감히 하나님의 자녀라고 말 할 수 없는 저를 받아주셔서 감사해요.

이렇게 거저 구원을 베풀어 주셔서 감사해요.

남은 생애동안 주님의 은혜를 기억하고 살게 해 주세요.

예수님 이름으로 기도드립니다. 아멘.

Chapter 6

Repentance

회개

"

자유의지와 죄를 지은 인간

자유의지와 죄를 지은 인간

하나님께서 인간을 창조하실 때 하나님의 형상을 따라 창조하셨어요. 그렇게 지음을 받은 인간은 하나님처럼 자율성을 가지고 행동하고 결정할 수 있었어요. 아담과 하와가 선악과를 따 먹은 것도 하나님이 자유의지를 주셨기 때문이에요.

사람들은 "아담과 하와가 죄를 짓지 않도록 인간에게 애초에 자유를 주지 않았으면 어땠을까?" 의문을 가져요. 그러나 만약 처음부터 인간에게 자유가 없었다면, 인간은 로봇과 같죠.

주인(하나님)의 말에 100% 순종하지만, 사실은 인간의 삶이 숙명론이나 운명론처럼 틀에 짜인 삶을 따를 뿐이죠.

그런 사람에겐 참 기쁨과 은혜 그리고 평안함이 있을 수가 없어요. 로봇일 뿐이죠.

비록 우리는 우리에게 주신 자유의지로 죄를 지었지만, 하나님은 예수 그리스도를 통해 우리를 회복시키시고, 주님을 기쁘게 섬기고 사랑하도록 하셨어요.

1. 사람은 죄에 대해 어떤 태도를 가져야 할까요?

창세기 4:7

07 선을 행하지 아니하면 (죄)가 문에 엎드려 있느니라 죄가 너를 원하나 너
는 죄를 다스릴지니라

죄가 문 앞에 엎드려져 있고, 그 죄를 다스려야 한다고 말씀해요.

2. 사람은 어떤 유혹에 빠져 살게 되나요?

요한일서 2:15-16

15 이 세상이나 세상에 있는 것들을 사랑하지 말라 누구든지 세상을 사랑하
면 아버지의 사랑이 그 안에 있지 아니하니
16 이는 세상에 있는 모든 것이 육신의 정욕과 안목의 정욕과 이생의 자랑이
니 다 아버지께로부터 온 것이 아니요 (세상)으로부터 온 것이라

세상의 욕심과 정욕에 유혹을 받아요.

3. 타락한 사람은 자유의지를 어떻게 사용할까요?

로마서 7:19

19 내가 원하는 바 선은 행하지 아니하고 도리어 원하지 아니하는 바 악을 행
하는도다

사람은 죄의 영향으로 인하여 악을 행하기를 좋아해요.

그러나 예수 그리스도를 통해 거듭난 자는 어떻게 살아가나요?

로마서 8:1-2

01 그러므로 이제 (그리스도) 예수 안에 있는 자에게는 결코 (정죄함)이 없나
니
02 이는 그리스도 예수 안에 있는 생명의 성령의 법이 죄와 사망의 법에서 너
를 해방하였음이라

죄와 사망의 법이 아니라 성령님의 법 아래서 살게 되어요. 죄에서의 진정한 해방, 자유함을 누리게 되어요.

4. 예수님을 믿고, 죄의 법이 아니라 성령님의 법 아래 사는 자는 복 되어요. 특별히, 3가지 면에서 우리를 회복시키며 생명력 있게 살아가게 해요.

1) 위로, 하나님과의 관계에서 생명력이 있어요.

2) 옆으로, 사람과의 관계에서 깨어지지 않아요.

3) 아래로, 만물과 관계에서 분명 질서가 있어요.

여러분이 죄로 인해 깨어진 것은 무엇인가요?

(관계적인 부분, 물질적인 부분, 성적인 부분 등 삶에서 깨진 부분은 없는지 나누어 주세요.)

5. 우리가 죄의 법 아래 있다면 어떻게 해야 할까요?

사도행전 17:30

30 알지 못하던 시대에는 하나님이 간과하셨거니와 이제는 어디든지 사람에게 다 명하사 (회개)하라 하셨으니

모든 사람은 회개를 해야 해요. 왜냐하면 예전에는 알지 못했기에 주님이 간과하셨을 수 있지만 이제 우리는 명백히 회개하지 않으면 심판이 있는 것을 알기 때문이에요.

6. 회개하지 아니하면 죽은 뒤 우리는 어디로 가게 될까요?

누가복음 12:5

05 마땅히 두려워할 자를 내가 너희에게 보이리니 곧 죽인 후에 또한 지옥에 던져 넣는 권세 있는 그를 두려워하라 내가 참으로 너희에게 이르노니 그를 두려워하라

지옥에 가게 되어요.

7. 우리가 회개하면 주님은 우리와 우리 죄를 어떻게 하실까요?

요한일서 1:9

09 만일 우리가 우리 죄를 (자백)하면 그는 미쁘시고 의로우사 우리 죄를 사
하시며 우리를 모든 불의에서 깨끗하게 하실 것이요

우리 죄를 씻어주시고 깨끗하게 하심으로 하나님께 나아갈 수 있어요.

(주님은 우리의 모든 죄를 다 사해 주세요. 어떤 죄든지 우리가 자백하고 회개하면 사해 주세요. 그런 주님께 사탄은 우리는 용서 받지 못한다고 정죄하지만 그런 속임에 속아서는 안 돼요. 주님 앞에 용서 받지 못할 죄는 없어요. 죄를 고하지 않으면 여전히 죄인이지만 어떤 죄든지 고백하면 용서 받은 의인이 되는 거예요.)

“죄 자백의 기도”

주님!

제 안에 부패한 본성이 있는 것을 고백해요.

다른 누구보다 저는 죄인임을 시인해요.

이 시간, 제가 지은 모든 죄를 회개해요.

저의 죄를 흰 눈처럼 사해 주세요.

죄책으로 살아가는 것이 아니라 주님 안에서 참 자유를 누리며

살아가게 해 주세요.

예수님 이름으로 기도드립니다. 아멘.

Chapter 7

Sanctification

성화

"

오프라 윈프리 쇼의 게스트

오프라 윈프리 쇼의 게스트

외국에서 유학할 때 오프라 윈프리 쇼를 종종 보았어요. 그 때 쇼에 나온 한 아이를 봤어요. 신기하게도 그 아이는 통증을 느끼지 못했어요.

몸에 불을 가까이 해도 이 아이는 아픈 통증을 못 느꼈어요.

그러나 그런 자녀를 둔 부모의 마음은 너무나 무거워요. 아이가 다치고 아파도 그것을 느끼지 못하는 것을 볼 때, 부모의 눈에는 피눈물이 나요.

자녀가 어릴 때 참 예쁘지요. 그런데 자라지 않는 아이를 둔 부모가 성장하지 못하는 자녀를 보는 것은 아주 큰 슬픔이에요.

우리는 하나님의 자녀로 어떻게 성장해야 할까요?

1. 성화(聖化)란 무엇인가요?

예수님을 믿고, 자라가는 것이에요. 거룩하게 성숙해 가는 것이에요.

2. 인간의 본성 안에는 어떤 잔재가 여전히 남아 있나요?

1) 요한일서 1:8

[08] 만일 우리가 (죄)가 없다고 말하면 스스로 속이고 또 진리가 우리 속에 있지 아니할 것이요

우리에게는 죄가 있어요. 죄가 없다고 하면 스스로 속이는 것이라고 말씀해요

2) 로마서 7:14

[14] 나는 육신에 속하여 죄 아래에 팔렸도다

모든 사람은 육신에 속하여 죄에 팔려진 존재라고 해요.

3. 인간의 내면에 있는 지속적인 싸움은 무엇인가요?

갈라디아서 5:17

[17] (육체)의 소욕은 (성령)을 거스르고 성령은 육체를 거스르나니 이 둘이 서로 대적함으로 너희가 원하는 것을 하지 못하게 하려 함이니라

인간 내면에는 성령을 거스르는 육체의 소욕과 성령이 서로 대적하고 있어요.

4. 칭의를 받은 뒤 어떤 성령의 열매를 맺으며 자라야 할까요?

갈라디아서 5:22-23

22 오직 성령의 열매는 (사랑)과 희락과 (화평)과 오래 참음과 자비와 양선과
충성과
23 온유와 (절제)니 이같은 것을 금지할 법이 없느니라

5. 성령의 열매를 맺으려면 우리는 어떻게 해야 하나요?

갈라디아서 5:24

24 그리스도 예수의 사람들은 육체와 함께 그 정욕과 탐심을 십자가에 못 박았느니라

예수 그리스도의 십자가를 통해 죄의 문제가 해결됨으로 예수 그리스도를 믿어야 해요.

6. 우리가 건강을 위해 운동을 하듯 영적으로 강건하도록 무엇을 해야 하나요?

디모데전서 4:8

08 육체의 연단은 약간의 유익이 있으나 (경건)은 범사에 유익하니 금생과 내생에 약속이 있느니라

경건의 훈련을 하라고 해요.

7. 경건의 훈련을 하지 않으면 어떻게 될까요?

히브리서 12:14

14 모든 사람과 더불어 화평함과 거룩함을 따르라 이것이 없이는 아무도 주를 보지 못하리라

거룩의 습관이 없이는 아무도 주를 보지 못한다고 해요.

사도 바울은 자신의 성화를 위해서 어떻게 노력하였나요?

고린도전서 9:27

27 내가 내 몸을 쳐 복종하게 함은 내가 남에게 전파한 후에 자신이 도리어 (버림)을 당할까 두려워함이로다

바울은 자신의 몸을 쳐 복종시키려고 하였어요.

여러분은 예수님을 믿은 뒤 어떤 부분에서 조금 더 거룩해지거나 더 정결해졌나요?

"경건을 위한 기도"

주님!

연약한 저를 주님의 자녀 삼아 주셔서 감사해요.

이제는 주님 안에서 영적인 양식을 먹고, 무럭무럭 자라게 해 주세요.

주님의 자녀로 부끄럽지 않게 말하고, 행동하게 해 주세요.

성숙하기 위해 노력하게 하시고, 작은 시험에 넘어지지 않게 해 주세요.

예수님 이름으로 기도드립니다. 아멘.

Chapter 8

Worship
예배

“

예배 때 회개를 통한 부흥

예배 때 회개를 통한 부흥

사람은 쉽게 변화 되지 않아요. 하나님 아버지에게 정직하게 예배하며 나아갈 때 바뀌어져요.

1907년 평양에서 대부흥이 일어났어요. 그 부흥은 진정한 회개를 통한 예배에서 시작되었어요.
장대현 교회에서 1907년 1월 첫 주 8일 동안에 신년 특별 예배가 있었어요. 여덟 째 날 마지막 날에 이르렀으나 아직 하나님의 특별한 은혜가 없는 듯 하였어요.

약 1,500명의 사람들이 평양 장대현교회에 모였어요. 예배 중 길선주 장로가 서서 다음과 같이 자신의 죄를 고백하자 깜짝 놀랐어요. "저는 아간과 같은 자에요. 저 때문에 하나님이 축복하실 수 없었어요. 약 1년 전 임종을 앞둔 한 나의 친구가 나를 자신의 집에 불러 부탁했어요. 그런데 그 미망인의 재산을 관리하던 중 저는 미망인의 돈 100달러를 가로챘어요. 저는 죄인이에요."

죄에 대한 통회가 청중을 휩쓸었어요. 회개의 예배는 주일저녁 7시에 시작했는데 다음날 새벽 2시까지 끝나지 않았어요.

이렇게 사람은 예배를 통해서 깨어지고 주님이 창조하신 진정성 있는 하나님의 백성이 되는 거예요.

최근 예배를 드릴 때 어떤 은혜 혹 어떤 회개를 통해 주님과 더 가까워졌나요?

1. 하나님이 사람을 창조하신 이유는 무엇인가요?

이사야 43:21

21 이 백성은 내가 나를 위하여 지었나니 나를 (찬송)하게 하려 함이니라

하나님을 찬송하며 영광 돌리기 위함이에요.

2. 하나님께서 무엇을 하셨기에 우리가 예배하고, 찬양해야 할까요?

1) 창세기 1:1

01 태초에 하나님이 천지를 창조하시니라

하나님은 만물을 창조하셨어요.

2) 시편 103:19

19 여호와께서 그의 보좌를 하늘에 세우시고 그의 왕권으로 만유를 다스리시
도다

이 세상을 통치하시고, 주관하셔요.

3. 하나님께 어떻게 영광을 돌려야할까요?

역대상 16:29

29 여호와의 이름에 합당한 영광을 그에게 돌릴지어다 제물을 들고 그 앞에 들어갈지어다 아름답고 거룩한 것으로 여호와께 (경배)할지어다

예배를 드리며, 거룩한 모습으로 합당한 영광을 돌려야 해요.

4. 예배의 요소에는 어떤 것이 있나요?

1) 찬양

2) (기도)

3) 말씀

4) (교제)

(예배의 요소는 단순히 말씀만 듣는 것이 아니에요. 직접 찬양도 하고, 기도하며 예배에 적극 동참하는 거예요. 특히, 초대교회 때는 예배 할 때 떡을 떼며 같이 교제하였어요. 이렇게 하나님의 자녀들이 교제를 나누는 것도 예배의 일부에요. 그래서 공동체 안에 속하여 같이 교제하고 예배하는 것이 필요해요. 주님과만 교제하는 것이 아니라 같이 예배드리는 지체들과도 함께하며 성숙해 나가는 것을 주님은 원하세요.)

5. 하나님은 어디에서 예배를 받으실까요?

요한복음 4:20-21

20 우리 조상들은 이 산에서 예배하였는데 당신들의 말은 예배할 곳이 예루
살렘에 있다 하더이다
21 예수께서 이르시되 여자여 내 말을 믿으라 이 산에서도 말고 예루살렘에
서도 말고 너희가 아버지께 예배할 때가 이르리라

우리가 서 있는 모든 곳에서 예배를 받으셔요.

예배의 장소보다 더 중요한 것은 무엇인가요?

요한복음 4:23-24

23 아버지께 참되게 예배하는 자들은 (영)과 (진리)로 예배할 때가 오나니 곧
이 때라 아버지께서는 자기에게 이렇게 예배하는 자들을 찾으시느니라
24 하나님은 영이시니 예배하는 자가 영과 진리로 예배할지니라

신령과 진정으로 예배하는 것이 더 중요해요.

6. 그런데, 인간은 왜 하나님 아닌 다른 것을 섬길까요?

1) 탐욕과 욕심에 빠져서 그러해요.

2) 두려움으로 우상을 섬겨요.

3) 마음의 공허함으로 하나님 아닌 것을 섬기며 살아요.

우상을 섬기지 않아야 하는데 혹 내가 섬기는 우상은 없나요?

"우상을 섬기지 않는 결단 기도"

주님!

제 인생에서 주님을 더 사랑하게 해 주세요.

개인적 이익과 유익을 위해 우상을 섬기지 않게 해 주세요.

출세, 명예, 재물을 위해서 주님을 부인하지 않게 해 주세요.

주님만 섬기는 주님의 자녀가 되게 해 주세요.

제 자신이 주님보다 더 높지 않게 해 주세요.

예수님 이름으로 기도드립니다. 아멘.

Chapter 9

Church and Community

교회 & 공동체

"

메노나이트 공동체

메노나이트 공동체

캐나다 토론토에서 서쪽으로 100km 정도 가면, 한 마을이 나타나요. 그 곳에는 말이 끄는 마차를 타고 다니는 사람들이 있어요. 마치 16세기로 돌아간 것 같아요. 이곳에 사는 사람들은 전혀 꾸미지 않고 살아요. 여자들은 화장도 하지 않고, 남자들은 그저 수수한 셔츠에 멜빵바지를 입어요. 그런데, 특이한 점은 이들은 항상 잘 웃어요. 그 순박한 웃음을 본 사람이라면, 마치 천사를 본 듯한 착각에 빠질 정도에요. 이들은 잘 싸우지도 않아요.

St. Jacobs farmers' market에 가면, 자기들이 재배한 과일과 곡식으로 만든 빵, 잼, 비누 등을 팔아요. 이것은 다 자급자족의 결과물이고, 이 돈은 마을의 이익금으로 일부를 돌려요. 마을의 필요한 부분을 채우기 위해 쓰여요. 자기 것을 주장하기보다 공동체를 위해 기꺼이 자기의 것을 내 놓아요.

이들은 모두 예수님을 믿는 메노나이트 신자들이에요. 사도행전에 나오는 초대교회를 꿈꾸는 사람들이 만든 공동체에요. 그래서 말씀 그대로 서로 물건을 통용하고, 이웃을 위해 자기 시간과 돈을 기꺼이 내놓고, 서로가 서로를 섬기는 일에 아끼지 않아요. 무엇이 이들을 이렇게 만들었을까요? 예수님을 잘 믿으려는 사람들이 모여 살며, 성경을 따라 살다보니, 아름다운 공동체를 이루고 있어요.

1. 교회에 와서 느낀 것은 무엇이었나요? 교회는 어떤 공동체인 것 같나요?

교회는 예수님을 믿는 사람들의 공동체에요.

2. 왜 여전히 교회 공동체는 연약하고, 문제도 있나요?

이 땅에 있는 교회는 아직 완전하지 않아요. 그 구성원도 완벽한 사람이 아니에요. 여전히 죄인이고, 부족해요.

3. 초대교회는 어떤 특징이 있었나요?

1) 사도행전 2:42 – 가르침 받고, 교제하고, 기도하기를 힘씀

42 그들이 사도의 (가르침)을 받아 서로 (교제)하고 떡을 떼며 오로지 (기도)
하기를 힘쓰니라

2) 사도행전 2:44-45 - 물건을 서로 통용하고, 재산과 소유를 팔아 나누어 줌

44 믿는 사람이 다 함께 있어 모든 물건을 서로 통용하고

45 또 재산과 소유를 팔아 각 사람의 필요를 따라 나눠주며

3) 사도행전 2:46 - 성전에 모이기를 힘쓰고, 순전한 마음으로 음식을 먹음

46 날마다 마음을 같이하여 (성전)에 모이기를 힘쓰고 집에서 떡을 떼며 기쁨과 순전한 마음으로 음식을 먹고

그 결과 어떤 일어 벌어졌나요?

사도행전 2:47

47 온 백성에게 칭송을 받으니 주께서 구원 받는 사람을 날마다 더하게 하시니라

이 교회에 와서 봤을 때 세상 공동체와 어떤 다른 면이 있었나요?

4. 교회는 이 땅에 누구를 위해 세워졌으며 교회는 어떤 이들이 오는 공동체여야 하나요?

마태복음 11:5

05 맹인이 보며 못 걷는 사람이 걸으며 나병환자가 깨끗함을 받으며 못 듣는
자가 들으며 죽은 자가 살아나며 가난한 자에게 복음이 전파된다 하라

가난한 자, 소외 된 자, 병든 자, 귀신들린 자가 다 있어야 해요.

5. 교회 공동체는 어떤 일에 힘써야 할까요?

마태복음 9:35

35 예수께서 모든 도시와 마을에 두루 다니사 그들의 회당에서 가르치시며
천국 복음을 전파하시며 모든 병과 모든 약한 것을 고치시니라

1) 가르침

2) (복음전파)

3) 치유

교회는 어떤 일에 더 신경을 쓰고, 세상을 섬기면 좋을까요?
(예배, 구제, 복지, 복음전도 등)

6. 예수님께서는 교회가 어떤 곳이 되어야 한다고 말씀하셨나요?

마가복음 11:15-17

15 그들이 예루살렘에 들어가리라 예수께서 성전에 들어가사 성전 안에서 매
매하는 자들을 내쫓으시며 돈 바꾸는 자들의 상과 비둘기 파는 자들의 의
자를 둘러 엎으시며
16 아무나 물건을 가지고 성전 안으로 지나다님을 허락하지 아니하시고
17 이에 가르쳐 이르시되 기록된 바 내 집은 만민이 (기도)하는 집이라 칭함
을 받으리라고 하지 아니하였느냐 너희는 (강도)의 소굴을 만들었도다 하
시매

성전은 만민의 기도하는 집이 되어야 한다고 하셨어요.

7. 성경에서는 마지막 때가 될수록 교회 공동체는 어떻게 해야 한다고 하나요?

히브리서 10:25

25 모이기를 폐하는 어떤 사람들의 습관과 같이 하지 말고 오직 권하여 그 날
이 가까움을 볼수록 더욱 그리하자

마지막 때가 될수록 더욱 모이기를 힘써야 한다고 하였어요.

“작은 교회가 되는 기도”

주님!

저를 주님의 공동체인 교회에 초청해 주셔서 감사해요.

이제는 제가 작은 교회가 되게 해 주세요.

그래서 많은 사람들이 쉬어 가고, 저를 통해 도움을 받게 해 주세요.

작은 교회인 제가 더 말씀과 기도와 찬양을 하게 해 주세요.

주님을 기쁘시게 하는 가정을 이루게 해 주세요.

예수님 이름으로 기도드립니다. 아멘.

Chapter 10

Apocalypse and heaven

종말 & 천국

“

처남의 환송식 예배

처남의 환송식 예배

제 처남이 2018년 4월의 어느 날 천국으로 갔어요. 처남은 젊은 나이에 암 투병을 하다가 소천했어요. 살아 있을 때 키가 190cm가 넘었어요. 아주 건강했어요. 그러나 암에 걸리자 몸무게는 계속 줄었어요.

천국환송예배를 드리기 전 몇 달은 누워만 있었고요. 밥도 제대로 못 먹었어요. 먹으면 토하게 되니 너무 고통스러워했어요. 마지막 죽기 이틀 전에는 물도 마시지 못했어요.

그러나 주님은 암 투병 중 처남을 만나 주셨고, 병중 세례를 받게 되었어요.

처남이 소천한 뒤 입관과 발인 예배를 드리고, 화장했어요. 그 거구의 몸은 사라지고, 한 줌의 재만 남게 되었어요. 수목장으로 나무 아래 묻으며 하관 예배를 드렸어요.

예배에 참석한 모든 가족은 인간은 언젠가 다 한 줌의 흙으로 돌아가는 것을 다시금 깨닫게 되었어요.

1. 사람을 하나님은 흙으로 창조하셨어요. 흙으로 창조 된 사람은 죽으면 어떻게 되나요?

창세기 3:19

19 네가 흙으로 돌아갈 때까지 얼굴에 땀을 흘려야 먹을 것을 먹으리니 네가 그것에서 취함을 입었음이라

사도행전 13:36

36 다윗은 당시에 하나님의 뜻을 따라 섬기다가 잠들어 그 조상들과 함께 묻혀 썩음을 당하였으되

죽은 후 흙으로 돌아가요. 이스라엘 역사에 그 위대한 다윗도 죽은 뒤 그 조상들과 함께 묻혀 육체가 썩음을 당했다고 해요.

2. 사람의 영혼은 육체를 떠난 후 즉시 어디로 가나요?

누가복음 23:43

43 예수께서 이르시되 내가 진실로 네게 이르노니 오늘 네가 나와 함께 (낙원)에 있으리라 하시니라

죽은 영혼이 구천을 떠돈다는 말은 거짓말이에요. 죽은 자를 불러 낼 때 그 죽은 사람의 목소리를 내는 것은 죽은 영혼이 아니라 귀신이 장난을 치는 것이에요. 주님을 믿은 영혼은 바로 천국으로 가요.

3. 하나님을 믿지 않는 영혼은 죽은 뒤 어떤 고통을 당하나요?

누가복음 16:23-24

23 그가 음부에서 고통 중에 눈을 들어 멀리 아브라함과 그의 품에 있는 나사
로를 보고
24 불러 이르되 아버지 아브라함이여 나를 긍휼히 여기사 나사로를 보내어
그 손가락 끝에 물을 찍어 내 혀를 서늘하게 하소서 내가 이 불꽃 가운데
서 괴로워하나이다

지옥에 던져져 그곳에서 고초와 전적인 흑암 가운데 머무르고 고통을 당해요.

4. 죽은 뒤 인간의 몸은 어떻게 되나요?

사도행전 24:15

15 그들이 기다리는 바 하나님께 향한 소망을 나도 가졌으니 곧 의인과 악인
의 (부활)이 있으리라 함이니이다

요한복음 5:28-29

28 이를 놀랍게 여기지 말라 무덤 속에 있는 자가 다 그의 음성을 들을 때가
오나니
29 선한 일을 행한 자는 생명의 부활로, 악한 일을 행한 자는 심판의 부활로
나오리라

빌립보서 3:21

21 그는 만물을 자기에게 복종하게 하실 수 있는 자의 역사로 우리의 낮은 몸
을 자기 영광의 몸의 형체와 같이 변하게 하시리라

죽은 뒤 우리의 육은 땅에 묻히고 영은 천국으로 올라가요. 이 땅의 마지막 날 예수 그리스도께서 재림하실 때 우리의 몸은 부활하여 변화체가 되고 거룩한 몸이 되어 영원한 천국의 안식을 누려요.

천국에 가면 결혼도 하고, 이 땅에서와 같은 삶을 사나요?

이 땅에서 우리는 불완전한 존재로서 삶을 살고 있어요. 천국에서의 삶은 완전한 존재로서 지금과는 다른 삶을 살게 되어요. 우리가 맺고 있는 이 땅에서의 관계 이상의 완벽한 삶이에요.

5. 심판하는 날 배교한 사탄과 천사들은 어떻게 되나요?

유다서 1:6

06 또 자기 지위를 지키지 아니하고 자기 처소를 떠난 천사들을 큰 날의 (심판)까지 영원한 결박으로 흑암에 가두셨으며

베드로후서 2:4

04 하나님이 죄를 범한 천사들을 용서하지 아니하시고 지옥에 던져 어두운 구덩이에 두어 심판 때까지 지키게 하셨으며

영원히 결박당하며, 영원히 지옥에서 고통당해요.

6. 천국은 어떤 곳인가요?

요한계시록 21:4

04 모든 눈물을 그 눈에서 닦아 주시니 다시는 사망이 없고 애통하는 것이나 곡
하는 것이나 아픈 것이 다시 있지 아니하리니 처음 것들이 다 지나갔음이라

요한계시록 22:1-5

01 또 그가 수정같이 맑은 생명수의 강을 내게 보이니 하나님과 및 어린 양의
보좌로부터 나와서
02 길 가운데로 흐르더라 강 좌우에 생명나무가 있어 열두 가지 열매를 맺되
달마다 그 열매를 맺고 그 나무 잎사귀들은 만국을 치료하기 위하여 있더라
03 다시 저주가 없으며 하나님과 그 어린 양의 보좌가 그 가운데에 있으리니
그의 종들이 그를 섬기며
04 그의 얼굴을 볼 터이요 그의 이름도 그들의 이마에 있으리라
05 다시 밤이 없겠고 등불과 햇빛이 쓸 데 없으니 이는 주 하나님이 그들에게
비치심이라 그들이 세세토록 (왕 노릇) 하리로다

누가 이런 곳에 갈까요?

예수님이 처음 오셨을 때는 죄인을 부르러 오셨어요. 그러나 예수님이 두 번째 다시 오실 때는 의인을 부르러 오세요. 의인에게는 면류관을 주시고, 악인에게는 지옥의 형벌로 심판하세요.

7. 당신은 천국에 갈 확신이 있나요?

(천국에는 예수님을 믿으면 반드시 갈 수 있다는 것을 다시 한번 상기시켜 주세요.)

“천국에 들어갈 믿음의 기도”

주님!

제게 이 땅의 삶이 전부가 아닌 것을 알게 해 주셔서 감사해요.

부족하고 연약한 죄인이지만 저를 천국으로 인도해 주세요.

믿는 자에게 영원한 생명을 주시길 원하시는 주님!

죄와 허물 많은 저와 제 가족을 주님의 품으로 인도해 주세요.

감사드리며, 예수님 이름으로 기도드립니다. 아멘.

교육을 마치며

1. 그동안 양육 받으면서 감사했던 것은 무엇인가요?

1) 하나님에게

2) 교회 혹 목사님에게

3) 리더에게

2. 양육 받으면서 더 궁금했던 내용은 어떤 것인가요?

1)

2)

3)

3. 양육 받으면서 배우고, 실천하며 변화 된 것은 무엇인가요?

1)

2)

3)

4. 자유롭게 리더에게 하고 싶은 말은 무엇인가요?

5. 앞으로 더 교육과 훈련에 뛰어 들어서 성숙하고, 성장하기를 기대해요.
어떤 교육 혹 훈련에 관심이 있나요?

101 겨자씨 양육 체크 리스트

이름 : 전화번호 : 010 – –

	출석	예습	비고
1과			
2과			
3과			
4과			
5과			
6과			
7과			
8과			
9과			
10과			

각 과의 출석과 예습 여부를 체크 해 주세요~*

"사람이 마음으로 믿어 의에 이르고 입으로 시인하여 구원에 이르느니라!"
(로마서 10:10)

201 양육교재
지침서 및 가이드북

주기도문 이해

주기도문은 예수님의 제자들이 예수님에게 어떻게 기도해야 할지 가르쳐 달라고 하여서 주님이 친히 가르쳐 주신 기도예요.

당시 유대 사회는 회당에서 함께 기도문을 낭송하였어요. 유대인들에게는 '카다쉬'라는 짧은 기도문과 '18번 축복기도'라는 긴 기도문을 가지고 있었어요. 요한의 제자들도 역시 자신들의 공동체를 위한 기도문을 가지고 있었지요. 유대인들과 요한의 제자들이 이처럼 자체 기도문을 가지고 있었기 때문에, 예수님의 제자들도 예수님께 기도문을 요청하였던 거예요.

그래서 예수님도 마침내 산상수훈 때 제자들에게 기도문을 주셨어요.

주기도문은 산상수훈의 핵심인 가운데에 배치되어 있어요.

1) 8복(마 5:3-16)
2) 새로운 천국 백성의 법(마 5:17-48)
3) 종교 행위에 대한 가르침(마 6:1-18) - 주기도문
4) 제1계명에 대한 설교(마 6:19-7:11)
5) 결론적 권면(마 7:12-27)

팔복을 통해 하나님 나라 백성의 마음과 삶에 대해 알려 주시고, 새로운 내면과 삶의 법들을 말씀하셨어요. 그런 뒤 신앙적 삶의 실천적인 면에서 구제(마 6:1-4), 기도(마 6:5-15), 금식(마 6:16-18)을 말씀하셨는데, 그 중 기도에 대해 말씀하시면서 주기도문을 알려 주셨어요.

이 주기도문은 유대인들의 위선적인 기도(마 6:5)와 이방인들의 중언부언의 기도(마 6:7-8)와 다른 기도예요. 이 주기도문은 크게 4파트로 나눌 수 있어요.

1) 주님의 이름을 부름
2) 세 개의 주님을 위한 청원들
3) 세 개의 우리를 위한 청원들
4) 송영

주기도문의 핵심은 하나님 나라가 도래하는 것이에요. 주님을 위한 청원들뿐만 아니라 우리를 위한 청원들도 사실은 주님의 나라 확장을 위한 청원들이에요.

Orientation

오리엔테이션

1. 교재 예습을 해서 와 주세요.
2. 교육에 적극 참여하도록 해 주세요.
3. 서로 잘 케어해 주세요.
4. 약속한 시간에 오지 못하면 연락해 주세요.
5. 기도제목을 나누고, 서로 기도해 주세요.
6. 주일 공예배에 참석해 주세요.
7. 하루 성경 1장을 읽어 주세요.
8. 하루 10분 기도해 주세요.
9. 양육은 너무 길지 않게 해 주세요.
10. 양육을 통해 성숙하도록 노력해 주세요.

Chapter 1

Calling
부름

“

하늘에 계신 우리 아버지여

하늘에 계신 우리 아버지여

(새주기도문 : 하늘에 계신 우리 아버지)

1. '아빠' 혹 '엄마'라는 단어를 들으면 어떤 생각이 드나요?

2. 누가 하나님을 '아빠'라고 부를 수 있나요?

요한복음 1:12

12 영접하는 자 곧 (그 이름을 믿는 자들)에게는 하나님의 자녀가 되는 권세
를 주셨으니

그렇게 하나님을 아버지라고 부르면, 누리게 되는 특권은 무엇인가요?

3. 우리 하나님 아버지는 어떤 분이신가요?

1) 창세기 1:1 (천지를 창조하신 분)

01 태초에 하나님이 천지를 창조하시니라

2) 시편 18:1–2 (반석, 요새, 건지시는 자, 하나님, 피할 바위, 방패, 구원의 뿔, 산성)

01 나의 힘이신 여호와여 내가 주를 사랑하나이다

02 여호와는 나의 반석이시요 나의 요새시요 나를 건지시는 이시요 나의 하
나님이시요 내가 그 안에 피할 나의 바위시요 나의 방패시요 나의 구원의
뿔이시요 나의 산성이시로다

3) 시편 121:1–2 (우리의 도움, 보호자)

01 내가 산을 향하여 눈을 들리라 나의 도움이 어디서 올까

02 나의 도움은 천지를 지으신 여호와에게서로다

4. 예수님은 하늘에 계신 주님을 아버지라고 부른다고 해서 다 천국에 들어가지 못한다고 말씀하셨어요.

마태복음 7:21

21 나더러 주여 주여 하는 자마다 다 천국에 들어갈 것이 아니요 다만 하늘에
계신 내 아버지의 (뜻대로 행하는 자)라야 들어가리라

왜 들어가지 못한다고 하셨나요?

5. 왜 우리는 외식하지 말고 기도해야 할까요?

1) 마태복음 6:5

05 또 너희는 기도할 때에 외식하는 자와 같이 하지 말라 그들은 사람에게 보
이려고 회당과 큰 거리 어귀에 서서 기도하기를 좋아하느니라 내가 진실
로 너희에게 이르노니 그들은 자기 상을 이미 받았느니라

누가 어떻게 우리의 기도를 들어 주실까요?

2) 마태복음 6:6

6 너는 기도할 때에 네 골방에 들어가 문을 닫고 은밀한 중에 계신 네 아버지께 기도하라 은밀한 중에 보시는 네 아버지께서 갚으시리라

하나님을 믿기 전 혹 교회를 나온 뒤 은밀하게 하나님께 기도를 해보았나요? 기도를 했다면 어떤 기도를 해 보았나요? 혹시 응답 받은 기도가 있나요? 나누어 주세요.

6. 이방인들은 반복적으로 기도하고, 다시 기도했어요.

1) 마태복음 6:7

07 또 기도할 때에 이방인과 같이 중언부언하지 말라 그들은 말을 많이 하여야 들으실 줄 생각하느니라

주님은 그렇게 아무 의미 없이 반복하면서 중언부언하는 것을 좋게 보시지 않았어요. 왜 안좋게 보셨을 것 같나요? 우리는 어떻게 기도를 해야 할까요?

2) 마태복음 6:8

08 그러므로 그들을 본받지 말라 구하기 전에 너희에게 있어야 할 것을 하나님 너희 아버지께서 아시느니라

7. 주님은 사랑하는 자녀에게 어떤 것을 주실까요?

1) 마태복음 7:9-11

09 너희 중에 누가 아들이 떡을 달라 하는데 돌을 주며
10 생선을 달라 하는데 뱀을 줄 사람이 있겠느냐
11 너희가 악한 자라도 좋은 것으로 자식에게 줄 줄 알거든 하물며 하늘에 계
신 너희 아버지께서 구하는 자에게 좋은 것으로 주시지 않겠느냐

좋은 것을 자녀에게 주신다고 하셨는데요. 하나님께서는 우리에게 어떤 가장 좋은 선물을 주시기를 원하실까요?

2) 누가복음 11:13

13 너희가 악할지라도 좋은 것을 자식에게 줄 줄 알거든 하물며 너희 하늘 아
버지께서 구하는 자에게 성령을 주시지 않겠느냐 하시니라

8. 하나님 아버지라는 호칭은 친근한 아버지를 떠올리게 해요. 그런데 주기도문에서는 그 아버지가 '하늘에 계신' 분이라고 해요. 하지만 하나님이 '하늘'에 제한된 분이라는 뜻은 아니에요. 이 땅에 속한 우리와는 구분된 다른 분이라는 의미예요. 그 '하늘에 계신 아버지'는 우리와 어떤 면에서 다를까요?

이사야 55:8-9

08 이는 내 생각이 너희의 생각과 다르며 내 길은 너희의 길과 다름이니라 여
호와의 말씀이니라

09 이는 하늘이 땅보다 높음 같이 내 길은 너희의 길보다 높으며 내 생각은
너희의 생각보다 높음이니라

9. 우리가 아버지를 부르기 전에 주님은 우리의 필요를 다 아실까요?

1) 마태복음 6:32

32 이는 다 이방인들이 구하는 것이라 너희 하늘 아버지께서 이 모든 것이 너
희에게 있어야 할 줄을 아시느니라

① 그렇다면, 우리는 무엇을 구해야 할까요? 주님은 우리의 어떤 기도제목을 채워 주실까요?

② 혹, 여러분이 주님을 찾고 기도했지만 들어주시지 않고, 힘겨운 인생을 살게 하신 이유는 무엇일까요?

2) 신명기 8:1-3

01 내가 오늘 명하는 모든 명령을 너희는 지켜 행하라 그리하면 너희가 살고
번성하고 여호와께서 너희의 조상들에게 맹세하신 땅에 들어가서 그것을
차지하리라

02 네 하나님 여호와께서 이 사십 년 동안에 네게 광야 길을 걷게 하신 것을
기억하라 이는 너를 낮추시며 너를 시험하사 네 마음이 어떠한지 그 명령
을 지키는지 지키지 않는지 알려 하심이라
03 너를 낮추시며 너를 주리게 하시며 또 너도 알지 못하며 네 조상들도 알지
못하던 만나를 네게 먹이신 것은 사람이 떡으로만 사는 것이 아니요 여호
와의 입에서 나오는 모든 말씀으로 사는 줄을 네가 알게 하려 하심이니라

10. 하나님은 전능하시고, 참 좋으신 아버지이심을 살펴보았는데요. 우리는 어떤 자녀일까요?

1) 누가복음 15장을 읽고, 나누어 주세요.

2) 예수님께서 이 땅에 오셨는데, 어떤 사람을 위해서 오셨을까요?

마가복음 2:17

17 예수께서 들으시고 그들에게 이르시되 건강한 자에게는 의사가 쓸 데 없
고 병든 자에게라야 쓸 데 있느니라 나는 의인을 부르러 온 것이 아니요
죄인을 부르러 왔노라 하시니라

11. 우리가 주님의 자녀이기에 주님은 우리가 주님 닮기를 원하시는데요. 어떻게 닮아 가기를 원하실까요?

1) 레위기 19:2 (거룩)

02 너는 이스라엘 자손의 온 회중에게 말하여 이르라 너희는 거룩하라 이는 나 여호와 너희 하나님이 거룩함이니라

2) 요한일서 4:8 (사랑)

08 사랑하지 아니하는 자는 하나님을 알지 못하나니 이는 하나님은 사랑이심이라

3) 누가복음 6:36 (자비)

36 너희 아버지의 자비로우심 같이 너희도 자비로운 자가 되라

12. 아빠 하나님은 우리를 사랑하시고 우리의 기도를 들으세요. 하나님은 우리와 만나기를 원하세요. 기도는 그런 하나님과 만나는 시간이에요.

그 주님에게 기도 드리기를 원한다면, 언제, 어디서 기도를 할 수 있나요?

언제:

어디서:

Chapter 2

Petition

주님을 위한 청원1

"

이름이 거룩히 여김을 받으시오며

이름이 거룩히 여김을 받으시오며

(새주기도문 : 아버지의 이름을 거룩하게 하시며)

1. 어린 시절 부모님을 실망시켜 드리거나 집안 혹 가문에 먹칠을 한 기억이 있나요? 나누어 주세요.

2. 예전에 하나님을 말로 모욕하거나 혹 삶으로 하나님의 이름에 먹칠 한 적이 있었나요?

3. 구약에 이방민족들은 여호와 하나님의 이름을 비방하였어요. 그 이방민족 중에는 골리앗이 있었어요.

1) 사무엘상 17:23-26

23 그들과 함께 말할 때에 마침 블레셋 사람의 싸움 돋우는 가드 사람 골리앗
이라 하는 자가 그 전열에서 나와서 전과 같은 말을 하매 다윗이 들으니라
24 이스라엘 모든 사람이 그 사람을 보고 심히 두려워하여 그 앞에서 도망하며
25 이스라엘 사람들이 이르되 너희가 이 올라 온 사람을 보았느냐 참으로 이
스라엘을 모욕하러 왔도다 그를 죽이는 사람은 왕이 많은 재물로 부하게

하고 그의 딸을 그에게 주고 그 아버지의 집을 이스라엘 중에서 세금을 면
제하게 하시리라
26 다윗이 곁에 서 있는 사람들에게 말하여 이르되 이 블레셋 사람을 죽여 이
스라엘의 치욕을 제거하는 사람에게는 어떠한 대우를 하겠느냐 이 할례
받지 않은 블레셋 사람이 누구이기에 살아 계시는 하나님의 군대를 모욕
하겠느냐

다윗은 그런 골리앗을 누구의 이름으로 나아가 싸워서 승리하였나요?

2) 사무엘상 17:45

45 다윗이 블레셋 사람에게 이르되 너는 칼과 창과 단창으로 내게 나아 오거
니와 나는 (만군의 여호와)의 이름 곧 네가 모욕하는 이스라엘 군대의 하
나님의 이름으로 네게 나아가노라

4. 여호와 하나님의 이름은 무슨 뜻일까요?

출애굽기 3:14

14 하나님이 모세에게 이르시되 나는 스스로 있는 자이니라 또 이르시되 너
는 이스라엘 자손에게 이같이 이르기를 스스로 있는 자가 나를 너희에게
보내셨다 하라

여호와는 스스로 있는 자라는 뜻인데요. 그 의미는 무엇인가요?

5. **여호와 하나님은 스스로 홀로 계셔도 되는 분이신데요. 왜 사람을 창조하셨나요?**

이사야 43:21

21 이 백성은 내가 나를 위하여 지었나니 나를 (찬송)하게 하려 함이니라

주님은 우리를 통해 예배를 받기 원하셨어요.

6. **주님은 단지 우리의 말로 거룩히 여김 받기를 원하지 않으세요.**

주님은 주님께서 거룩하신 것처럼 우리가 거룩하기를 원하시는데요. 우리가 더 거룩해지기 위해서 어떤 노력을 해야 할까요?

7. **사탄은 우리가 주님의 자녀답지 않게 살도록 우리를 공격하는데요. 우리는 어떻게 무장해야 그 공격을 받아도 견디어 낼 수 있을까요?**

에베소서 6:11-17

11 마귀의 간계를 능히 대적하기 위하여 하나님의 전신 갑주를 입으라

12 우리의 씨름은 혈과 육을 상대하는 것이 아니요 통치자들과 권세들과 이 어둠의 세상 주관자들과 하늘에 있는 악의 영들을 상대함이라

13 그러므로 하나님의 전신 갑주를 취하라 이는 악한 날에 너희가 능히 대적하고 모든 일을 행한 후에 서기 위함이라

14 그런즉 서서 진리로 너희 허리 띠를 띠고 의의 호심경을 붙이고

15 평안의 복음이 준비한 것으로 신을 신고

16 모든 것 위에 믿음의 방패를 가지고 이로써 능히 악한 자의 모든 불화살을
소멸하고
17 구원의 투구와 성령의 검 곧 하나님의 말씀을 가지라

이 전신갑주의 무기는 다른 어떤 것이 아니라, 진리, 의, 평안 같은 성령의 열매들이예요. 이 세상과 사탄을 이기려면 이런 거룩한 열매들이 있어야 하는데요.

여러분은 거룩한 열매들 중 어떤 열매를 소망하나요?

8. 구약에는 하나님의 거룩한 사람으로 구별 된 사람을 '나실인'이라고 하였어요.

민수기 6:1-8

01 여호와께서 모세에게 말씀하여 이르시되
02 이스라엘 자손에게 전하여 그들에게 이르라 남자나 여자가 특별한 서원
곧 나실인의 서원을 하고 자기 몸을 구별하여 여호와께 드리려고 하면
03 포도주와 독주를 멀리하며 포도주로 된 초나 독주로 된 초를 마시지 말며
포도즙도 마시지 말며 생포도나 건포도도 먹지 말지니
04 자기 몸을 구별하는 모든 날 동안에는 포도나무 소산은 씨나 껍질이라도
먹지 말지며
05 그 서원을 하고 구별하는 모든 날 동안은 삭도를 절대로 그의 머리에 대지
말 것이라 자기 몸을 구별하여 여호와께 드리는 날이 차기까지 그는 거룩
한즉 그의 머리털을 길게 자라게 할 것이며
06 자기의 몸을 구별하여 여호와께 드리는 모든 날 동안은 시체를 가까이 하

지 말 것이요

07 그의 부모 형제 자매가 죽은 때에라도 그로 말미암아 몸을 더럽히지 말 것이
니 이는 자기의 몸을 구별하여 하나님께 드리는 표가 그의 머리에 있음이라

08 자기의 몸을 구별하는 모든 날 동안 그는 여호와께 거룩한 자니라

나실인이 멀리해야 할 것은 3절에 포도주와 독주, 5절에 머리를 깎는 것, 6절 시체를 가까이 하는 것이었어요.

21세기를 살아가는 우리는 거룩한 하나님의 사람이 되기 위해 어떤 것을 내려놓고, 구별된 자로 살아가야 할까요?

9. 성경에 최초의 살인을 한 사람은 가인이라는 인물이에요.

1) 창세기 4:1-8

01 아담이 그의 아내 하와와 동침하매 하와가 임신하여 가인을 낳고 이르되
내가 여호와로 말미암아 득남하였다 하니라

02 그가 또 가인의 아우 아벨을 낳았는데 아벨은 양 치는 자였고 가인은 농사
하는 자였더라

03 세월이 지난 후에 가인은 땅의 소산으로 제물을 삼아 여호와께 드렸고

04 아벨은 자기도 양의 첫 새끼와 그 기름으로 드렸더니 여호와께서 아벨과
그의 제물은 받으셨으나

05 가인과 그의 제물은 받지 아니하신지라 가인이 몹시 분하여 안색이 변하니

06 여호와께서 가인에게 이르시되 네가 분하여 함은 어찌 됨이며 안색이 변

함은 어찌 됨이냐
07 네가 선을 행하면 어찌 낯을 들지 못하겠느냐 선을 행하지 아니하면 죄가
문에 엎드려 있느니라 죄가 너를 원하나 너는 죄를 다스릴지니라
08 가인이 그의 아우 아벨에게 말하고 그들이 들에 있을 때에 가인이 그의 아
우 아벨을 쳐죽이니라

가인이 아벨을 죽이고, 쌓은 성이 바로 에녹이라는 성인데요. 그 에녹 성을 쌓고, 가인과 그 후손들은 살았어요. 그러면서 문화와 문명의 꽃을 피우게 되었는데요.

2) 창세기 4:16-17

16 가인이 여호와 앞을 떠나서 에덴 동쪽 놋 땅에 거주하더니
17 아내와 동침하매 그가 임신하여 에녹을 낳은지라 가인이 성을 쌓고 그의
아들의 이름으로 성을 이름하여 에녹이라 하니라

최초의 살인자였던 가인과 그 후손들이 쌓은 성에서 인간의 문화가 발달하기 시작했어요. 하나님의 형상을 닮은 인간은 아름다움을 추구하고 예술을 창조했어요. 하지만 '인간의 죄성' 또한 인간의 문화를 형성했어요. 우리는 그것들을 분별하는 영적인 눈이 필요해요.

우리 문화 속에 들어있는 '죄성', 거룩하지 않은 요소들은 무엇일까요?

(음주 문화, 도박 문화, 동성애와 변태적 성적 타락, 거짓과 속임수, 허례, 허수, 허상의 문화 등이 있어요)

10. 예전에는 괜찮다고 생각했는데 신앙생활하면서 '아! 이건 죄구나' 혹 '아! 이건 문제가 있구나!' 라고 생각한 것이 있나요?

혹, 예수님을 믿고 난 뒤 여러분은 어떻게 거룩하게 변화 되었나요? 아니, 변화되기 위해 노력하고 있는 부분이 있나요? 나누어 주세요.

Chapter 3

Petition

주님을 위한 청원2

"

나라에 임하옵시며

나라에 임하옵시며

(새주기도문 : 아버지의 나라가 오게 하시며)

1. 어떤 나라를 여행해 보았나요? 가장 아름다운 나라는 어디였나요? 어떤 면이 좋았나요?

2. 이민을 간다면, 어떤 나라에 가고 싶은가요? 왜 그런가요?

3. 하나님은 우리가 무엇을 구하기를 원하실까요?

1) 마태복음 6:33

33 그런즉 너희는 먼저 그의 나라와 그의 의를 구하라 그리하면 이 모든 것을 너희에게 더하시리라

그러면, 하나님은 어떻게 축복을 해 주실까요?

2) 천국은 어떤 나라일까요?

요한계시록 22:1-5

01 또 그가 수정 같이 맑은 생명수의 강을 내게 보이니 하나님과 및 어린 양
의 보좌로부터 나와서
02 길 가운데로 흐르더라 강 좌우에 생명나무가 있어 열두 가지 열매를 맺되
달마다 그 열매를 맺고 그 나무 잎사귀들은 만국을 치료하기 위하여 있더라
03 다시 저주가 없으며 하나님과 그 어린 양의 보좌가 그 가운데에 있으리니
그의 종들이 그를 섬기며
04 그의 얼굴을 볼 터이요 그의 이름도 그들의 이마에 있으리라
05 다시 밤이 없겠고 등불과 햇빛이 쓸 데 없으니 이는 주 하나님이 그들에게
비치심이라 그들이 세세토록 왕 노릇 하리로다

4. 예수님은 예수님을 믿지 않는 사람들이 구하는 것이 있다고 해요.

1) 마태복음 6:25

25 그러므로 내가 너희에게 이르노니 목숨을 위하여 무엇을 먹을까 무엇을
마실까 몸을 위하여 무엇을 입을까 염려하지 말라 목숨이 음식보다 중하
지 아니하며 몸이 의복보다 중하지 아니하냐

왜 이런 것들을 구하지 않아도 될까요?

2) 마태복음 6:26-30

26 공중의 새를 보라 심지도 않고 거두지도 않고 창고에 모아들이지도 아니하
되 너희 하늘 아버지께서 기르시나니 너희는 이것들보다 귀하지 아니하냐

27 너희 중에 누가 염려함으로 그 키를 한 자라도 더할 수 있겠느냐
28 또 너희가 어찌 의복을 위하여 염려하느냐 들의 백합화가 어떻게 자라는
가 생각하여 보라 수고도 아니하고 길쌈도 아니하느니라
29 그러나 내가 너희에게 말하노니 솔로몬의 모든 영광으로도 입은 것이 이
꽃 하나만 같지 못하였느니라
30 오늘 있다가 내일 아궁이에 던져지는 들풀도 하나님이 이렇게 입히시거든
하물며 너희일까보냐 믿음이 작은 자들아

하늘 아버지께서 공중의 새, 들의 백합화를 돌보시듯 이보다 더 존귀한 여러분을 돌보시기 때문이에요.

5. 하나님의 나라는 천국만을 의미하지 않아요. 이 땅에서도 하나님의 나라가 임할 수 있어요. 그 나라는 어떤 모습일까요?

이사야 11:6-9

06 그 때에 이리가 어린 양과 함께 살며 표범이 어린 염소와 함께 누우며 송
아지와 어린 사자와 살진 짐승이 함께 있어 어린 아이에게 끌리며
07 암소와 곰이 함께 먹으며 그것들의 새끼가 함께 엎드리며 사자가 소처럼
풀을 먹을 것이며
08 젖 먹는 아이가 독사의 구멍에서 장난하며 젖 뗀 어린 아이가 독사의 굴에
손을 넣을 것이라
09 내 거룩한 산 모든 곳에서 해 됨도 없고 상함도 없을 것이니 이는 물이 바
다를 덮음 같이 여호와를 아는 지식이 세상에 충만할 것임이니라

하나님의 통치아래 모든 피조물이 화평하게 사는 거예요.

6. 왜 이 세상은 천국이 되지 못할까요?

야고보서 1:15

15 욕심이 잉태한즉 죄를 낳고 죄가 장성한즉 사망을 낳느니라

욕심이 잉태한즉 죄를 낳고, 죄가 장성하여 사망을 낳게 되어요.

7. 하나님의 나라가 도래하지 않는 공동체는 서서히 죽어 가요. 심리적, 관계적, 사회적, 정치적, 영적으로 고통과 고난이 있어요. 누가 이렇게 만드는 것일까요? 우리는 어떤 싸움을 해야 할까요?

에베소서 6:12

12 우리의 씨름은 혈과 육을 상대하는 것이 아니요 통치자들과 권세들과 이 (어둠)의 세상 주관자들과 하늘에 있는 (악)의 영들을 상대함이라

우리의 씨름은 혈과 육의 싸움이 아니에요. 이 어두움의 세상 주관자들과 하늘에 있는 악의 영들과 싸우는 것이에요.

8. 하나님은 사람을 창조하시고 행복하게 살기를 원하셨어요. 하지만 사탄은 우리가 그렇게 주님이 원하시는 백성으로 살지 못하게 했어요.

창세기 3:5

너희가 그것을 먹는 날에는 너희 눈이 밝아져 (하나님)과 같이 되어 선악을 알 줄 하나님이 아심이니라

"하나님과 같아지리라" 라고 속삭였어요.

사탄은 아담과 하와가 그렇게 선악과를 따 먹으면 누구와 같아진다고 유혹했나요?

9. 하나님의 나라를 추구하고, 이루기 위해서 우리는 주님의 백성이 되어야 해요. 어떤 마음과 삶이 있어야 할까요?

마태복음 5:3–10

03 심령이 가난한 자는 복이 있나니 천국이 그들의 것임이요
04 애통하는 자는 복이 있나니 그들이 위로를 받을 것임이요
05 온유한 자는 복이 있나니 그들이 땅을 기업으로 받을 것임이요
06 의에 주리고 목마른 자는 복이 있나니 그들이 배부를 것임이요
07 긍휼히 여기는 자는 복이 있나니 그들이 긍휼히 여김을 받을 것임이요
08 마음이 청결한 자는 복이 있나니 그들이 하나님을 볼 것임이요
09 화평하게 하는 자는 복이 있나니 그들이 하나님의 아들이라 일컬음을 받을 것임이요
10 의를 위하여 박해를 받은 자는 복이 있나니 천국이 그들의 것임이라

8가지 중에 가장 당신에게 필요한 복은 무엇인가요?

10. 하나님 나라의 백성이 맺어야 하는 열매는 무엇인가요?

갈라디아서 5:22-23

22 오직 성령의 열매는 사랑과 희락과 화평과 오래 참음과 자비와 양선과 충
성과
23 온유와 (절제)니 이같은 것을 금지할 법이 없느니라

이 성령의 열매 중 가장 마지막 중요한 열매는 무엇인가요? 절제에요.

그럼, 하나님의 나라가 임하고, 하나님의 나라 백성으로 살기 위해서 당신이 절제하고, 노력해야 하는 것은 무엇인가요?

Chapter 4

Petition

주님을 위한 청원3

"

뜻이 하늘에서 이룬 것같이
땅에서도 이루어지이다

뜻이 하늘에서 이룬 것같이 땅에서도 이루어지이다

(새주기도문 : 아버지의 뜻이 하늘에서와 같이 땅에서도 이루어지게 하소서)

1. 당신의 어린 시절의 꿈은 무엇이었나요?

2. 하나님은 두 세 사람이 모인 곳에 함께 해 주신다고 하셨어요.

마태복음 18:19–20

19 진실로 다시 너희에게 이르노니 너희 중의 두 사람이 땅에서 합심하여 무
엇이든지 구하면 하늘에 계신 내 아버지께서 그들을 위하여 이루게 하시
리라
20 두세 사람이 내 이름으로 모인 곳에는 나도 그들 중에 있느니라

우리가 개인적으로 하는 기도보다 같이 연합하여 기도할 때 주님은 더 잘 들어 주셔요. 그런 이유는 무엇일까요?

(바로, 자신의 유익이 아니라 하나님 나라를 위한 기도와 연합이기 때문이에요)

3. 예수님은 이 땅에서 하나님 나라의 확장을 위해 애쓰셨어요.

마태복음 9:33

33 귀신이 쫓겨나고 말 못하는 사람이 말하거늘 무리가 놀랍게 여겨 이르되 이스라엘 가운데서 이런 일을 본 적이 없다 하되

바로, 생명사역을 위해 복음을 전파하시고, 가르치시고, 병든 자를 고치셨어요. 이 세 가지 중에 여러분이 할 수 있는 것은 무엇이 있나요?

4. 여러분은 남은 인생을 어디에 어떻게 사용하고 싶은가요?

5. 예수님은 제자들에게 아주 특별한 권세를 주셨어요.

마태복음 18:18

18 진실로 너희에게 이르노니 무엇이든지 너희가 땅에서 매면 하늘에서도 매일 것이요 무엇이든지 땅에서 풀면 하늘에서도 풀리리라

땅에서 풀면 하늘에서도 풀리는 그런 권세를 주신다고 하셨어요.

여러분은 어떤 사회적인 이슈와 안타까운 문제에 대해 관심이 있나요? 우리는 어떤 기도를 드려야 할까요?

예수님을 믿었던 우리 믿음의 조상들은 단순히 자기 가정과 교회만을 생각하지 않았어요. 일제 강점기와 공산주의 핍박 아래 나라의 독립과 안녕을 위해 고군분투했어요.

그렇다면, 우리는 우리나라가 어떤 나라가 되도록 노력해야 할까요?

6. 예수님이 이 땅에 오셨을 때 수많은 유대인들과 무리들은 이스라엘의 독립을 꿈꾸었어요. 예수님이 그런 전투적 메시아가 되어 자신들을 해방시켜 주기를 소원했어요.

그러나 성경은 예수님이 이 세상에 오신 목적을 무엇이라고 하나요?

마태복음 1:21

21 아들을 낳으리니 이름을 예수라 하라 이는 그가 자기 백성을 그들의 (죄)에서 구원할 자이심이라 하니라

자기 백성을 죄에서 해방하시기 원하셨어요. 주님은 우리가 죄에 빠져 허덕이다가 죽기를 원하지 않으세요.

하나님이 우리에게 바라는 간절한 소망은 무엇일까요?

7. 주님은 우리를 통해서 하나님 나라와 하나님의 뜻을 펼쳐가기를 원하세요. 그런데 수많은 사람은 죄의 중독에서 빠져 나오지 못하고 있어요. 이 세상 사람들은 어떤 중독에 빠져 살고 있을까요?

(술, 담배, 도박, 음란물, 마약, 권력과 명예 그리고 인기, 성형, 게임, 스마트 폰 중독 등에 빠져 살고 있어요)

우리는 어떻게 해야 수많은 중독에서 빠져 나올 수 있을까요? 생각을 나누어 주세요.

(규칙적인 말씀, 기도, 찬양을 해야 하고요. 예배와 기도의 자리에 목숨을 걸며 나와야 해요. 교육과 훈련에 뛰어들고, 선교에 헌신해야 해요. 주님과의 교제가 없으면 사탄의 유혹과 시험에 빠지게 되어요)

8. 주님의 뜻을 좇아 산다는 것은 무엇일까요? 경남 거창고등학교의 직업 선택 10계명이 우리에게 어떻게 선택을 하며 살아야 할지 알려 주는데요.

[거창고등학교 강당에 걸린 직업 선택의 10계명]

제1계명 월급이 적은 쪽을 택하라.

제2계명 내가 원하는 곳이 아니라 나를 필요로 하는 곳을 택하라.

제3계명 승진의 기회가 거의 없는 곳을 택하라.

제4계명 모든 것이 갖추어진 곳을 피하고 처음부터 시작해야 하는 황무지를 택하라.

제5계명 앞을 다투어 모여드는 곳은 절대 가지 마라. 아무도 가지 않는 곳으로 가라.

제6계명 장래성이 전혀 없다고 생각되는 곳으로 가라.

제7계명 사회적 존경 같은 건 바라볼 수 없는 곳으로 가라.

제8계명 한가운데가 아니라 가장자리로 가라.

제9계명 부모나 아내나 약혼자가 결사반대를 하는 곳이면 틀림없다. 의심치 말고 가라.

제10계명 왕관이 아니라 단두대가 기다리고 있는 곳으로 가라.

이 10가지 중 마음에 와 닿은 것은 무엇인가요?

9. 하나님의 뜻이 우리의 삶 속에서 이루어지려면 나의 뜻과 나의 편의를 포기해야 해요. 이것을 '제자도'라고 하는데요. 주님은 우리가 어떻게 주님을 따르며 주님의 뜻을 이루기 원하시나요?

1) 마태복음 4:20 – 그물을 버리기 원하심

20 그들이 곧 (그물)을 버려두고 예수를 따르니라

2) 창세기 12:1 – 본토 친척 아비 집을 떠나기를 원하심

01 여호와께서 아브람에게 이르시되 너는 너의 (고향)과 친척과
(아버지의 집)을 떠나 내가 네게 보여 줄 땅으로 가라

3) 마태복음 16:24 – 자기 십자가를 지고, 자신을 부인하기를 원하심

24 이에 예수께서 제자들에게 이르시되 누구든지 나를 따라오려거든
(십자가)를 부인하고 자기 (자기)를 지고 나를 따를 것이니라

10. 나중에 가정을 이룬다면, 배우자와 어떤 가정(예배하는 가정, 구제하는 가정, 가르치는 가정, 선교하는 가정, 봉사하는 가정, 다음세대를 세우는 가정)이 되어 하나님의 나라를 세워가도록 하고 싶은가요?

Chapter 5

Petition

우리를 위한
청원1

“

오늘날 우리에게
일용할 양식을 주옵시고

오늘날 우리에게 일용할 양식을 주옵시고

(새주기도문 : 오늘 우리에게 일용할 양식을 주시고)

1. 당신이 가장 좋아하는 음식은 무엇인가요?

2. 만일 로또에 당첨이 되어 10억을 받는다면, 그 돈을 어떻게 사용하고 싶은가요?

3. 예수님은 주기도문에 물질적인 것을 구할 때 '일용할 양식'을 구하라고 하셨는데요. 그 의미와 뜻은 무엇일까요?

4. 출애굽기 16장에 하나님께서 이스라엘 백성들에게 만나를 주셨는데요. 그 만나는 어떤 것인가요?

1) 출애굽기 16:31

31 이스라엘 족속이 그 이름을 만나라 하였으며 깟씨 같이 희고 맛은 꿀 섞은
과자 같았더라

안식일 전날에는 두 배를 거두도록 하셨고, 안식일에는 만나를 주시지 않았는데요. 그 이유가 무엇일까요?

2) 출애굽기 16:29

29 볼지어다 여호와가 너희에게 안식일을 줌으로 여섯째 날에는 이틀 양식을
너희에게 주는 것이니 너희는 각기 처소에 있고 일곱째 날에는 아무도 그
의 처소에서 나오지 말지니라

5. 돈을 사랑하는 자가 하나님을 같이 잘 섬길 수 있을까요?

마태복음 6:24

24 한 사람이 두 주인을 섬기지 못할 것이니 혹 이를 미워하고 저를 사랑하거
나 혹 이를 중히 여기고 저를 경히 여김이라 너희가 (하나님)과 (재물)을
겸하여 섬기지 못하느니라

재물과 하나님을 겸하여 섬길 수 없다고 하셨어요.

6. 우리가 하나님 없이 산다면 어떤 상태가 될까요?

예레미야 2:13

13 내 백성이 두 가지 악을 행하였나니 곧 그들이 생수의 근원되는 나를 버린
것과 스스로 웅덩이를 판 것인데 그것은 그 물을 가두지 못할 (터진 웅덩이)
들이니라

하나님 없는 인생은 밑 빠진 독에 물을 채우는 것과 같아요. 인생을 살면서 이런 공허함과 허무함을 느껴 본 적이 있었나요?

7. 주님이 '일용할 양식'만 구하라고 하셨는데, 우리가 먹고 사는 것 보다 더 많은 재물을 가졌다면 우리는 어떻게 해야 할까요?

야고보서 2:14-17

14 내 형제들아 만일 사람이 믿음이 있노라 하고 행함이 없으면 무슨 유익이
있으리요 그 믿음이 능히 자기를 구원하겠느냐
15 만일 형제나 자매가 헐벗고 일용할 양식이 없는데
16 너희 중에 누구든지 그에게 이르되 평안히 가라, 덥게 하라, 배부르게 하
라 하며 그 몸에 쓸 것을 주지 아니하면 무슨 유익이 있으리요
17 이와 같이 행함이 없는 믿음은 그 자체가 죽은 것이라

8. 삭개오라는 사람은 예수님을 만나기 전 세리였어요. 세리는 같은 민족에게 필요 이상의 세금을 빼앗아 로마에 주고, 자신도 이득을 취하는 자였어요.

누가복음 19:8

08 삭개오가 서서 주께 여짜오되 주여 보시옵소서 내 소유의 절반을 가난한
자들에게 주겠사오며 만일 누구의 것을 속여 빼앗은 일이 있으면 네 갑절
이나 갚겠나이다

그가 예수님을 만나고 어떻게 변화 되었나요?

9. 우리는 많은 물질을 취한다면 나누어 줄 수 있어야 하고, 때로 가진 것에 만족할 줄도 알아야 하는데요. 바울은 우리에게 어떤 비결을 배우라고 하나요?

빌립보서 4:11-12

11 내가 궁핍하므로 말하는 것이 아니니라 어떠한 형편에든지 나는 자족하기
를 배웠노니
12 나는 비천에 처할 줄도 알고 풍부에 처할 줄도 알아 모든 일 곧 배부름과
배고픔과 풍부와 궁핍에도 처할 줄 아는 일체의 비결을 배웠노라

10. 우리가 일용할 양식만 구할 때 주님께도 온전히 예물을 드릴 수 있고, 주님의 것을 빼앗아 가지 않을 수 있어요. 여호와 하나님은 이스라엘 백성에게 무엇을 도적질했다고 하였나요?

말라기 3:8

08 사람이 어찌 하나님의 것을 도둑질하겠느냐 그러나 너희는 나의 것을 도둑질하고도 말하기를 우리가 어떻게 주의 것을 도둑질하였나이까 하는도다 이는 곧 (십일조)와 (봉헌물)이라

요즘 하나님께 헌금을 하고 있나요? 하나님께 드릴 때 혹시 아깝거나 부담이 되지는 않나요?

왜 우리는 십의 일을 하나님께 드려야 할까요?

Chapter 6

Petition

우리를 위한 청원2

"

우리가 우리에게 죄지은 자를
사하여 준 것같이
우리의 죄를 사하여 주옵시고

우리가 우리에게 죄지은 자를 사하여 준 것 같이 우리의 죄를 사하여 주옵시고

(새주기도문 : 우리가 우리에게 잘못한 사람을 용서하여 준 것 같이 우리 죄를 용서하여 주시고)

1. 어릴 때 부모님, 가족, 친한 친구와 심하게 다툰 적이 있었나요? 혹, 최근에 어떤 일로 인해서 다른 사람과 불편한 적이 있었나요?

2. 영화 '밀양'을 본적이 있나요?

주인공인 전도연은 자기 딸을 살인한 범인을 용서하지 못해 괴로워 합니다. 그러다 처음 나가게 된 교회에서 예수님을 믿고 은혜를 받습니다. 그래서 감옥에 있는 범인을 용서하러 갑니다.

그런데 범인이 먼저 "하나님께서 제 죄를 모두 용서해 주셨습니다."라고 합니다. 이때 전도연은 가슴 속 분노가 폭발합니다. "어떻게 하나님은 저에게 묻지도 않으시고 다 용서하셨나요?" 라고 외쳤습니다.

우리에게 죄지은 자를 용서하는 것이 때론 너무나 어렵습니다. 그런데, 용서에 대해 잘못 이해 할 때가 있습니다. 혼자서 하나님께 기도했기에 다 용서를 빌었다고 생각하기도 합니다.

용서를 하지 않았는데 떳떳하게 살아가는 사람을 겪어 본 적이 있나요? 혹 용서하기 힘들었던 경험이 있나요?

3. 예수님은 주기도문에서 우리의 죄를 사하여 달라고 할 때 우리에게 죄 지은 자, 곧 다른 사람의 죄를 용서하지 않으면 우리의 죄도 용서하지 않겠다고 하셨어요.

이렇게 죄 용서는 하나님만 행하시는 것이 아니라, 우리 또한 사람과의 관계 속에서 행하여야 함을 말씀하셨어요.

어떤 사람에게 실수를 하고, 그냥 미안하다고만 생각하고, 사죄하는 삶이 없어도 될까요? 성경은 무엇이라고 하나요?

레위기 5:15-19

15 누구든지 여호와의 성물에 대하여 부지중에 범죄하였으면 여호와께 속건
제를 드리되 네가 지정한 가치를 따라 성소의 세겔로 몇 세겔 은에 상당한
흠 없는 숫양을 양 떼 중에서 끌어다가 속건제로 드려서
16 성물에 대한 잘못을 보상하되 그것에 오분의 일을 더하여 제사장에게 줄
것이요 제사장은 그 속건제의 숫양으로 그를 위하여 속죄한즉 그가 사함
을 받으리라

17 만일 누구든지 여호와의 계명 중 하나를 부지중에 범하여도 허물이라 벌
을 당할 것이니
18 그는 네가 지정한 가치대로 양 떼 중 흠 없는 숫양을 속건제물로 제사장에
게로 가져갈 것이요 제사장은 그가 부지중에 범죄한 허물을 위하여 속죄
한즉 그가 사함을 받으리라
19 이는 속건제니 그가 여호와 앞에 참으로 잘못을 저질렀음이니라

하나님은 단순히 죄를 마음 속으로만 뉘우치도록 하지 않으셨어요. 속건제를 드리도록 하셨어요

즉,

1) 범과 했을 때 성소의 세겔로 몇 세겔 은에 상응하는 흠 없는 숫양을 드리며 속건제를 드리도록 하셨어요.

2) 성물에 대한 범과 시에는 그것에 오분 일을 더하여 제사장에게 주도록 하셨어요.

3) 여호와의 금령 중 하나를 부지중에 범하였어도 숫양을 속건 제물로 드리도록 하셨어요.

4. 인생에서 가장 용서하기 힘든 일은 어떤 것이었나요?

5. 예수님은 산상수훈에서 천국백성의 삶은 어떠해야 한다고 하시나요?

마태복음 5:38-42

38 또 눈은 눈으로, 이는 이로 갚으라 하였다는 것을 너희가 들었으나
39 나는 너희에게 이르노니 악한 자를 대적하지 말라 누구든지 네 오른편 뺨
을 치거든 왼편도 돌려 대며
40 또 너를 송사하여 속옷을 가지고자 하는 자에게 겉옷까지도 가지게 하며
41 또 누구든지 너로 억지로 오리를 가게 하거든 그 사람과 십리를 동행하고
42 네게 구하는 자에게 주며 네게 꾸고자 하는 자에게 거절하지 말라

위에 말씀 중 당신에게 정말 힘겨운 것은 어떤 것인가요?

6. 성경은 천국 백성인 우리가 편애하는 것을 무엇이라고 하나요?

마태복음 5:46-48

46 너희가 너희를 사랑하는 자를 사랑하면 무슨 (상)이 있으리요 세리도 이
같이 아니하느냐
47 또 너희가 너희 형제에게만 문안하면 남보다 더 하는 것이 무엇이냐
(이방인)들도 이같이 아니하느냐
48 그러므로 하늘에 계신 너희 아버지의 온전하심과 같이 너희도 온전하라

7. 성경은 우리가 누구까지도 사랑해야 한다고 하나요?

마태복음 5:44

44 나는 너희에게 이르노니 너희 (원수)를 사랑하며 너희를 핍박하는 자를 위하여 기도하라

8. 예수님은 다른 사람을 용서해 줄 때 몇 번을 용서해 주어야 한다고 하셨나요?

마태복음 18:22

22 예수께서 가라사대 네게 이르노니 일곱 번 뿐 아니라 일흔번씩 일곱 번이라도 할지니라

70번씩 7번을 용서하라는 의미는 무엇인가요?

9. 큰 용서함을 받은 자는 반드시 용서를 해야 하는데요. 마태복음 18장 23-35절에 큰 빚을 탕감 받은 자의 잘못은 무엇인가요?

마태복음 18:23-35

23 그러므로 천국은 그 종들과 결산하려 하던 어떤 임금과 같으니
24 결산할 때에 만 달란트 빚진 자 하나를 데려오매

25 갚을 것이 없는지라 주인이 명하여 그 몸과 아내와 자식들과 모든 소유를 다 팔아 갚게 하라 하니
26 그 종이 엎드려 절하며 이르되 내게 참으소서 다 갚으리이다 하거늘
27 그 종의 주인이 불쌍히 여겨 놓아 보내며 그 빚을 탕감하여 주었더니
28 그 종이 나가서 자기에게 백 데나리온 빚진 동료 한 사람을 만나 붙들어 목을 잡고 이르되 빚을 갚으라 하매
29 그 동료가 엎드려 간구하여 이르되 나에게 참아 주소서 갚으리이다 하되
30 허락하지 아니하고 이에 가서 그가 빚을 갚도록 옥에 가두거늘
31 그 동료들이 그것을 보고 몹시 딱하게 여겨 주인에게 가서 그 일을 다 알리니
32 이에 주인이 그를 불러다가 말하되 악한 종아 네가 빌기에 내가 네 빚을 전부 탕감하여 주었거늘
33 내가 너를 불쌍히 여김과 같이 너도 네 동료를 불쌍히 여김이 마땅하지 아니하냐 하고
34 주인이 노하여 그 빚을 다 갚도록 그를 옥졸들에게 넘기니라
35 너희가 각각 마음으로부터 형제를 용서하지 아니하면 나의 하늘 아버지께서도 너희에게 이와 같이 하시리라

우리도 용서 받을 수 없는 죄인이지만 주님께서 용서해 주셨어요. 그런 우리가 다른 사람을 용서하지 않는다면, 똑같은 죄를 범하게 되는데요. 누구를 깊이 용서해야 할까요?

10. 예수님은 십자가에 달려 돌아가시면서 자신을 죽이는 사람들을 보시고, 하나님 아버지께 뭐라고 말씀하셨나요?

누가복음 23:34

34 이에 예수께서 가라사대 아버지여 저희를 사하여 주옵소서 자기의 하는 것을 알지 못함이니이다 하시더라 저희가 그의 옷을 나눠 제비 뽑을 새

주님은 저들이 하는 것을 알지 못한다고 말씀하셨어요. 사람은 무지하여서 자신의 악과 죄 그리고 교만함을 보지 못했어요. 그래서 우리는 예수님처럼 우리 주위에 그런 영혼을 긍휼히 여기고 용서해 주어야 해요.

Chapter 7

Petition

우리를 위한 청원3

"

우리를 시험에 들게 하지 마옵시고
다만 악에서 구원하옵소서

우리를 시험에 들게 하지 마옵시고 다만 악에서 구원하옵소서

(새주기도문 : 우리를 시험에 빠지지 않게 하시고 악에서 구하소서)

1. 학창시절 가장 싫어했던 과목은 무엇이었나요? 인생에서 가장 어려운 시험은 무엇이었나요?

2. 시험에는 세 가지 종류가 있어요.

1) 첫째, 우리가 욕심으로 인해 유혹을 받는 temptation(유혹)이 있고요.

야고보서 1:15

15 욕심이 잉태한즉 죄를 낳고 죄가 장성한즉 사망을 낳느니라

2) 둘째, 하나님께 연단을 받는 test(시험)가 있고요.

창세기 22:1-2

01 그 일 후에 하나님이 아브라함을 시험하시려고 그를 부르시되 아브라함아
하시니 그가 이르되 내가 여기 있나이다

02 여호와께서 이르시되 네 아들 네 사랑하는 독자 이삭을 데리고 모리아 땅
으로 가서 내가 네게 일러 준 한 산 거기서 그를 번제로 드리라

3) 셋째, 사탄에게 당하는 trial(시련)이 있어요.

① 욥기 1:8–12

08 여호와께서 사탄에게 이르시되 네가 내 종 욥을 주의하여 보았느냐 그와
같이 온전하고 정직하여 하나님을 경외하며 악에서 떠난 자는 세상에 없
느니라
09 사탄이 여호와께 대답하여 이르되 욥이 어찌 까닭 없이 하나님을 경외하
리이까
10 주께서 그와 그의 집과 그의 모든 소유물을 울타리로 두르심 때문이 아니
니이까 주께서 그의 손으로 하는 바를 복되게 하사 그의 소유물이 땅에 넘
치게 하셨음이니이다
11 이제 주의 손을 펴서 그의 모든 소유물을 치소서 그리하시면 틀림없이 주
를 향하여 욕하지 않겠나이까
12 여호와께서 사탄에게 이르시되 내가 그의 소유물을 다 네 손에 맡기노라
다만 그의 몸에는 네 손을 대지 말지니라 사탄이 곧 여호와 앞에서 물러가
니라

이런 믿음의 시련이 주는 유익은 무엇인가요?

② 야고보서 1:3

13 이는 너희 믿음의 시련이 인내를 만들어 내는 줄 너희가 앎이라

믿음의 시련은 인내를 만들어낸다고 해요.

3. 사람은 시험을 당할 때 자신의 욕심, 탐욕, 정욕으로 인해서 넘어지는데요. 성경은 3가지를 조심하라고 해요.

요한일서 2:15–17

15 이 세상이나 세상에 있는 것들을 사랑하지 말라 누구든지 세상을 사랑하
면 아버지의 사랑이 그 안에 있지 아니하니
16 이는 세상에 있는 모든 것이 (육신)의 정욕과 (안목)의 정욕과 (이생)의 자
랑이니 다 아버지께로부터 온 것이 아니요 세상으로부터 온 것이라
17 이 세상도, 그 정욕도 지나가되 오직 하나님의 뜻을 행하는 자는 영원히
거하느니라

바로, 육신의 정욕, 안목의 정욕, 이생의 자랑인데요. 이 세 가지 중 여러분에게 가장 약한 것은 무엇인가요?

4. 시험과 유혹을 당하지 않으려면 어떻게 해야 할까요? 예를 들어, 술에 유혹을 당하지 않기 위해서는 어떻게 해야 할까요?

잠언 23:31

31 포도주는 붉고 잔에서 번쩍이며 순하게 내려가나니 너는 그것을 (보지도)
말지어다

술을 보면서 안 마셔야지 하는 것이 아니라 술 자체를 보지도 말고, 멀리해야 해요.

5. 우리는 때로 하나님이 우리에게 고통과 고난을 당하게 하신다고 생각할 때가 있는데요. 하나님이 우리를 향해 어떤 뜻을 가지고 계신가요?

예레미야 29:11

11 여호와의 말씀이니라 너희를 향한 나의 생각을 내가 아나니 (평안)이요 (재앙)이 아니니라 너희에게 미래와 희망을 주는 것이니라

우리를 향한 하나님의 뜻은 재앙이 아니라 평안이에요.

6. 하나님은 우리가 감당할 수 없는 시험을 어떻게 해 주실까요?

고린도전서 10:13

13 사람이 감당할 시험 밖에는 너희가 당한 것이 없나니 오직 하나님은 미쁘사 너희가 감당하지 못할 시험 당함을 허락하지 아니하시고 시험 당할 즈음에 또한 피할 (길)을 내사 너희로 능히 감당하게 하시느니라

7. 시험이 우리에게 아예 불필요한 것은 아니에요. 우리가 고난당하는 것에도 유익한 부분이 있어요.

시편 119:71

71 고난당한 것이 내게 유익이라 이로 말미암아 내가 주의 율례들을 배우게 되었나이다

고난당한 것으로 우리가 주님의 법도와 율례를 배울 수 있어요. 어떤 고난을 통해 주님께 조금 더 나아오게 되었나요?

8. 사람이 고통과 고난을 당할 때 여호와 하나님은 방관하지 않으세요. 우리를 어떻게 도와주실까요?

1) 이사야 41:10

10 두려워하지 말라 내가 너와 함께 함이라 놀라지 말라 나는 네 하나님이 됨
이라 내가 너를 굳세게 하리라 참으로 너를 도와 주리라 참으로 나의 의로
운 오른손으로 너를 붙들리라

주님의 강하고 의로운 오른손으로 붙들어 주세요.

2) 이사야 43:1-2

01 야곱아 너를 창조하신 여호와께서 지금 말씀하시느니라 이스라엘아 너를
지으신 이가 말씀하시느니라 너는 두려워하지 말라 내가 너를 구속하였고
내가 너를 지명하여 불렀나니 너는 내 것이라
02 네가 물 가운데로 지날 때에 내가 너와 함께 할 것이라 강을 건널 때에 물
이 너를 침몰하지 못할 것이며 네가 불 가운데로 지날 때에 타지도 아니할
것이요 불꽃이 너를 사르지도 못하리니

물과 불이 우리를 침몰시키지 못할 거예요.

3) 히브리서 1:14

14 모든 천사들은 섬기는 영으로서 구원 받을 상속자들을 위하여 섬기라고
보내심이 아니냐

천사를 보내어 주심으로 우리를 보호해 주세요.

9. 우리가 곤경에 빠졌을 때, 심각한 질병에 걸렸을 때 우리는 어떻게 해야 하나요?

1) 시편 121:1-2

01 내가 산을 향하여 눈을 들리라 나의 도움이 어디서 올까
02 나의 도움은 천지를 지으신 여호와에게서로다

주님으로부터 모든 도우심이 와요.

2) 마가복음 9:29

29 이르시되 (기도) 외에 다른 것으로는 이런 종류가 나갈 수 없느니라 하시니라

기도 외에는 다른 방도가 없어요. 기도를 통해서 놀라운 역사를 경험할 수 있어요. 살아계신 주님께 도움을 요청해야 해요.

10. '악'에서 구하여 달라고 기도해야 하는데요. 이 '악'은 두 가지를 의미해요.

1) 첫째는 '악한 것(The evil thing)'이고요.

2) 둘째는 '악한 존재(The evil one)' 곧, 사탄을 의미할 수 있어요.

대부분 신학자들은 이 '악'을 악한 존재인 사탄으로 생각하고 있어요. 이 악한 존재인 사탄은 성경에 다른 말로 어떤 존재라고 하나요?

① 요한계시록 12:9

09 큰 (용)이 내쫓기니 옛 (뱀) 곧 마귀라고도 하고 사탄이라고도 하며 온 천하를 꾀는 자라 그가 땅으로 내쫓기니 그의 사자들도 그와 함께 내쫓기니라

옛 뱀인 사탄은 마지막 때에 용으로 나타나요. 사탄은 더 악하고 강력한 존재로 변모하고 있는데요. 이런 사탄을 이기려면 우리는 어떻게 해야 할까요?

② 야고보서 4:7

07 그런즉 너희는 하나님께 복종할지어다 마귀를 대적하라 그리하면 너희를 피하리라

등을 돌려서는 안 되고요. 우는 사자와 같이 삼킬 자를 찾는 사탄을 대적해야 해요.

Chapter 8

Doxology

송영

"

나라와 권세와 영광이 아버지께
영원히 있사옵나이다 아멘

나라와 권세와 영광이 아버지께 영원히 있사옵나이다 아멘

(새주기도문 : 나라와 권능과 영광이 영원히 아버지의 것입니다. 아멘)

1. 너무나 사랑하거나, 좋아하거나 존경하는 사람이 있나요?

2. 인생에서 받았던 선물 혹 칭찬 중에 잊혀지지 않는 것은 무엇인가요?

3. 나라와 권세와 영광이 아버지 하나님께 돌려지기 위해서는 우리가 그 영광을 취하지 않아야 하는데요. 사도 바울은 어떻게 살기를 노력하면서 주님께 모든 영광을 돌렸나요?

1) 빌립보서 1:20

20 나의 간절한 기대와 소망을 따라 아무 일에든지 부끄러워하지 아니하고
지금도 전과 같이 온전히 담대하여 살든지 죽든지 내 몸에서 그리스도가
(존귀)하게 되게 하려 하나니

사도 바울은 그리스도만 드러나기를 소원하였어요.

사도 바울은 날마다 죽기를 소망하였고, 마침내 순교하면서 정말 죽어지는 존재가 되었어요. 우리는 가정, 학교/직장, 세상에서 어떻게 죽어져야 할까요?

예수님도 하나님 아버지만 드러나기를 원하셨어요.

2) 요한복음 17:1

01 예수께서 이 말씀을 하시고 눈을 들어 하늘을 우러러 이르시되 아버지여 때가 이르렀사오니 아들을 영화롭게 하사 아들로 아버지를 (영화)롭게 하게 하옵소서

4. 아버지께 모든 것을 돌려 드리는 것은 쉽지 않아요. 예수님은 자신을 겸손히 낮추셨는데요. 어떻게 자신을 부인하셨나요?

빌립보서 2:7–8

07 오히려 자기를 비워 종의 형체를 가지사 사람들과 같이 되셨고
08 사람의 모양으로 나타나사 자기를 낮추시고 죽기까지 (복종)하셨으니 곧 십자가에 죽으심이라

우리도 주님처럼 종의 모습을 가지고 살아가야 해요. 주님께만 종의 모습으로 살아가는 것이 아니라 어디에서, 누군가에게, 어떻게 낮은 자로 겸손하게 살아가야 할까요?

5. 예수님의 제자들은 어떻게 죽으며 모든 영광을 주님께 올려 드렸나요?

[제자들의 마지막 순교]

1) 베드로(Peter) : 주님을 배반하고 저주했던 그는 주님의 놀라운 용서를 체험한 후 머리가 땅으로, 다리가 위를 향하는 자세로, 즉 거꾸로 십자가에 못 박혔어요.

2) 바돌로매(Batholomew) : 바돌로매는 여러 나라에서 복음을 전파하다가 오랫동안 잔인하게 폭행당하였으며, 포악한 우상 숭배자들에 의하여 십자가에서 처형당했어요.

3) 야고보(James) : 야고보는 헤롯 아그립파가 유대의 총독으로 임명되자마자 유대인들에게 환심을 얻을 목적으로 그리스도인들에 대하여 매서운 박해를 가하기 시작했을 때 돌에 맞아 죽었어요.

4) 빌립(Philip) : 그는 채찍에 맞았으며, 감옥에 갇힌 후 A.D. 54년에 십자가에서 처형되었어요.

5) 마태(Matthew) : 마태는 에디오피아에서 복음을 전하여 박해받다가 A. D. 60년 나다바에서 미늘창으로 살해당하였어요.

6) 도마(Thomas) : 도마는 인도 첸나이에서 복음을 전하다가 이교도 제사장들을 격노케 하였고, 창으로 몸이 관통되어 죽었어요.

7) 시몬(Simon) : 시몬은 아프리카 선교 후 영국으로 가서 복음을 전하다가 A. D. 74년에 십자가 처형을 당했어요.

8) 요한(John) : 큰 야고보(James the Great)의 형제인 요한은 도미티안(Domitian) 핍박 때 밧모 섬으로 추방하였지만 그 곳에서 성경의 마지막 책인 "요한계시록"을 기록하였어요.

9) 작은 야고보(James) : 94세 때 그는 유대인들에게 구타당하고 돌로 맞아, 결국 뇌에 손상을 입고 순교했어요.

10) 맛디아(Matthias) : 맛디아는 예루살렘에서 돌매질을 당하였으며 후에 참수형을 당하여 순교했어요.

11) 안드레(Andrew) : 안드레는 많은 아시아 국가들에게 복음을 전파하였고, 에데사에서 붙들려 십자가에서 처형되었어요.

12) 마가(Mark) : 마가는 알렉산드리아 사람들에 의하여 그들의 우상인 세라피스를 기리는 웅장한 종교 의식을 할 때 무자비한 처형 방법으로 몸이 찢기며 그의 생을 마감하였어요.

예수님의 제자들은 다 순교하면서 주님의 나라를 확장하였어요.

사실, 한 번 죽는 것보다 매일 죽어져야 하는 자리에서 자신을 비우고, 주님을 드러내는 것은 더 어려운 삶의 순교인데요. 어디 혹 누구 앞에서 나 자신을 죽이는 것이 힘든가요?

6. 우리는 신앙생활을 하면서도 내 '나라' 혹 '비전과 꿈'을 세우려고 해요. 그것을 위해 일 중독에 빠지거나, 사람의 마음을 사려고 하거나, 재물욕에 빠지는데요.

여러분은 주님이 멈추라고 하면 멈추고, 주님이 가라고 하면 갈 수 있나요?

열왕기상 7:1

01 솔로몬이 자기의 왕궁을 십삼 년 동안 건축하여 그 전부를 준공하니라

하나님의 전을 짓는 데는 7년 밖에 걸리지 않았는데 자신의 왕국을 세우는 데 13년이라는 세월을 소비하였어요. 자신의 궁을 짓는 데는 더 많은 시간과 재물을 사용한 것이죠.

7. 모든 권세는 주님에게서부터 오고, 부와 귀도 주님께로부터 기인해요. 성경은 그것을 무엇이라고 하나요?

역대상 29:12

12 부와 귀가 주께로 말미암고 또 주는 만유의 주재가 되사 손에 권세와 능력
이 있사오니 모든 자를 크게 하심과 강하게 하심이 주의 손에 있나이다

모든 사람을 강하게 하심과 부하게 하심이 주의 손에 있다고 해요.

8. 구약에 욥은 당대에 의인이었어요. 하나님도 그런 욥의 의로움과 하나님의 사람임을 기쁘게 받으셨어요. 그러나 욥은 사탄의 시험을 받다가 하나님께 꾸중을 듣는데요. 시험 중 주님께 영광을 돌리지 못하고 혼이 난 이유는 무엇인가요?

욥기 36:24-26

24 그대는 하나님께서 하신 일을 기억하고 높이라 잊지 말지니라 인생이 그
의 일을 찬송하였느니라
25 그의 일을 모든 사람이 우러러보나니 먼 데서도 보느니라
26 하나님은 높으시니 우리가 그를 알 수 없고 그의 햇수를 헤아릴 수 없느니라

욥은 하나님께서 하신 일을 기억하지 않았고, 하나님의 높으심과 위대하심을 온전히 돌리지 않았어요.

여러분은 여러분의 지식, 부, 재능, 능력, 경험과 경력, 지혜를 너무나 자긍하거나 혹 반대로 너무 낮은 자존감, 불평, 불만, 원망으로 하나님의 영광을 가리지는 않나요?

9. 하나님께 30배, 60배, 100배의 열매를 올려 드리기 위해서는 좋은 옥토가 되어야 하는데요. 좋은 옥토가 되기 위해서는 어떻게 해야 할까요?

마태복음 13:18-23

18 그런즉 씨 뿌리는 비유를 들으라
19 아무나 천국 말씀을 듣고 깨닫지 못할 때는 악한 자가 와서 그 마음에 뿌려진 것을 빼앗나니 이는 곧 길 가에 뿌려진 자요
20 돌밭에 뿌려졌다는 것은 말씀을 듣고 즉시 기쁨으로 받되
21 그 속에 뿌리가 없어 잠시 견디다가 말씀으로 말미암아 환난이나 박해가 일어날 때에는 곧 넘어지는 자요
22 가시떨기에 뿌려졌다는 것은 말씀을 들으나 세상의 염려와 재물의 유혹에 말씀이 막혀 결실하지 못하는 자요
23 좋은 땅에 뿌려졌다는 것은 말씀을 듣고 깨닫는 자니 결실하여 어떤 것은 백 배, 어떤 것은 육십 배, 어떤 것은 삼십 배가 되느니라 하시더라

1) 첫째, 우리의 마음 밭이 길가에 단단한 토양이 되어서는 안돼요.

2) 둘째, 우리 마음이 돌밭과 같아서는 안돼요.

3) 셋째, 우리 마음이 가시밭이 되어서는 안돼요.

좋은 밭이 되기 위해서는 말씀, 기도, 찬양의 미네랄이 풍부한 마음의 밭이 되어야 하는데요.

요즘 말씀, 기도, 찬양을 할 때 예전과 달리 어떤 부분이 달라졌나요? 만약 말씀, 기도, 찬양을 더 하기 위해 어떤 노력을 할 수 있을까요?

10. 송영의 마지막 부분은 바로 '아멘'으로 고백하는 것이고, 그 고백이 진짜가 되려면 삶으로 그 대답을 증명하는 것인데요.

요즘 주님이 여러분에게 어떤 부분에 대해 부담을 주시면서 순종 혹 순복하기를 원하시나요?

201 바나바 양육 체크 리스트

이름 : 전화번호 : 010 – –

	출석	예습	성경 읽기 (1장 이상)	기도 (10분 이상)	비고
1과					
2과					
3과					
4과					
5과					
6과					
7과					
8과					

각 과 과제를 매주 체크 해 주세요~*

"주 예수를 믿으라 그리하면 너와 네 집이 구원을 받으리라!"
(사도행전 16:31)